一海知義

論語語論

藤原書店

論語語論——目次

2 〈神〉と〈女〉……075

3 〈学〉と〈思〉 …………………… 123

論語語論

本書は、二〇〇三年六月七日から二〇〇四年九月四日まで六回にわたって行われた講義の記録である。各回の配布プリントのうち、『論語』の引用は各回の扉裏に一覧で示し、その他の文献は本文中に引用した。

『論語』の引用は、岩波文庫版『論語』（金谷治訳、二〇〇二年、改訳第六刷）を参照したが、表記は適宜変更した。

また、吉川幸次郎『論語』上・中・下（朝日文庫、一九七八年）を参照した場合は、上中下の巻数と頁数で示した。

前口上

大変バラエティに富んだ方々を相手にしゃべることになって、ちょっと戸惑っているんですが……、といって突然変身するわけにもいかんので、用意してきたことをお話しします。

私はべつに『論語』の専門家でもないし、『論語』の愛読者でもない。とりわけ若いころは『論語』という本は大嫌いで、反発ばかり感じていた。ある年代に達してから興味をもちだしたことは事実ですが、しかしそんなに深く研究しているわけでもないし、『論語』について他の人の本もそうたくさん読んでいるわけではない。かえって皆さんの方が知識があるのではないか、いろいろ教えていただけたらありがたいと逆に思っております。

そういうことで、『論語』論というのは、私はできないものですから、『論語』の中に出てくる言葉、言葉の問題に私は興味がありますので、「論語語論」という題でお話しさせていただきたいと思います。

『論語』の中にいろいろ面白い言葉が出ているので、それらの語について、ゴロンと寝ころんで考えながら出てくるようないろんなこと（笑）、ゴロンと寝ころんで聞いていただけるような呑気な話をさせていただこうかと思います。題して「ロンゴ・ゴロン」。ですからあるいは『論語』から離れたいろいろ雑談的なことも申しあげるかと思いますが、ご容赦ください。

1 〈論〉と〈語〉

『論語』の中の〈語〉

1　子不語怪力乱神。（述而篇、一三九頁）

2　食不語、寝不言。（郷党篇、一九二頁）

『論語』の不思議

『論語』という本は不思議な本で、これほど名前のよく知られた本はないにもかかわらず、これほど人々が読んでない本もないでしょう。『論語』を通読した人というのはあまりいない、専門家は別として、一般の人で……。しかし『論語』という名前だけ知っているわけではなくて、『論語』の中に出てくる、例えばこれ（岩波文庫）をテキストにしてこれから読みたいと思っているんですけれど、「巻第一」の第一条の「子曰、学而時習之、不亦説乎、有朋自遠方来、不亦楽乎、（子曰《いわ》く、学んで時にこれを習う、また説《よろこ》ばしからずや、朋《とも》あり遠方より来たる、また楽しからずや）」という言葉はだれでも知っているんですね。子供のころから親しんできた、格言的な、名言みたいなものがたくさんある。しかし第一条はそうだけれど、第二条はどうだときいたら、知ってる人は日本人でほとんどいないでしょう。第二条は、「有子曰、其為人也、……（有子《ゆうし》曰く、其《そ》の人となりや……）」、こんな文章は全然だれも関心をもたない、知らない。ところが第三条に至って、「子曰、巧言令色、鮮矣仁、（子曰く、巧言令色、鮮《すくな》し仁）」となると、これはだれでも知ってるし、日本人はとくに大好きです。

そういうことがありまして、大変不思議な本だと思うのですが、じつは今日、東京へ来る新幹線の中で、このあいだ送ってきた岩波の『図書』を見ていましたら、「岩波書店九十周年記念」ということで、「読者が選ぶ私の好きな岩波文庫」というアンケートの集計結果が出ているんです。ごらんになった方もいらっしゃると思いますが……。

岩波文庫というのは古くから出ていて、総点数、書目にして二千七百種類らしいですね。そのうち、読者から私はこれが好きとあげられたのが二〇八二点もあるらしい。それを数の多い方から順番に並べていって、百点をここにリストアップしてあるんです。これを見ていると、これだけで一冊の本が書けるくらい、いろんな面白いことが日本の文化現象としてあるように思うんですけれども、一番と二番はやはり夏目漱石で、『こころ』と『坊ちゃん』です。あと、漱石の本がいっぱいこの百点の中に出ます。

それも一つの面白い現象だと思いますが、当面の『論語』で申しますと、中国の書物の中では、この百点の中で一番です。全体の順位でいうと、第十二番に『論語』が出ています。「好きな」というのは面白い言葉ですけれど、全部見渡すと、百点のうち中国の書物は六点です。その書名を申し上げますと、十二番が『論語』、四十五番が『唐詩選』、五十六番が『三国志』、六十九番が司馬遷の『史記』――列伝だけですが――、そして八十五番が『中国名詩選』という松枝茂夫さんの編集した三冊で、これはもともとこういう本があったわけではなくて、中国の歴代の詩を集めた漢詩集です。最後は九十四番目に『西遊記』が中国の六冊目の本として挙がっています。だから「中国三大奇書」と呼ばれる物語のうち二つは挙がっているんです。それと詩と。とくに『論語』はどうしても一番なんですね。

もう一つ不思議なことは、『論語』という本の名前ですけれども、どういう意味だろうときいたら、パッと答えられる人はたぶんいないだろうと思います。中国語の語順としていえば、「論語」ですから「語を論ず」と、当然こう読むことになります。しかし言葉を論じた本かというと、そうではないんですね。だからこの書名は一見してよくわからない。中国の本でもそういう本はめずらしいですね。例えば『詩経』という本は、詩のテキストであるとすぐわかりますし、司馬遷の『史記』は歴史の本だとすぐにわかりますね。『三国志』は三国の歴史を物語にしたものだといっぺんにわかる。だいたい本のタイトルを見たら本の中身はわかるわけですが、『論語』はなんのことかよくわからない。それだけでなくて、内容を読んでみると、孔子のしゃべったことと、おこなったことの記録である。言行録と言えると思うんです。しかし孔子がやったことについてはあまり書いてない、主としてしゃべったことです。だから孔子の言語の記録ということになりますが、それをなんで「論語」という書名にしているのか、それがよくわからない。

もう一つの不思議は、孔子の後に「諸子百家」という、思想家というのか、社会政策学者というのか、論客というのか、そういう連中がたくさん現れますね。それで自分の政治的な、あるいは社会的な意見を各地方の王様に売りつけて就職運動をするのですが、その就職運動の時にしゃべった言葉を記録したものがたくさん残っていて、「何々子」という名前になっています。例えば『孟子』とか、『墨子』とか、『荘子』とか、『孫子』とか……。「子」というのは、軽い意味の「先生」ということだろうと思うんですけれども、孟子は孟軻《もうか》、墨子は墨翟《ぼくてき》という人物の言行録です。荘子は荘周という人の言行録です。孫子というのは孫臏《そんぴん》という、「臏」というのは両足を切られたという意味で、刑罰を受けて両足を切られた孫さん、足なしの孫さんという意味です。こういうふうに、それぞれ孟軻、墨翟、荘周、孫臏という名前があって、その名字に「子」をつけるのが諸子百家の書物の題名、これが常識になっています。ほとんどすべてそうです。これを全部数えると百五十以上になるらしいけれども、そういう人たちの言行録、主として言語録ですけれども、それがみなこういう形で書名になっています。

ところが諸子百家の中で、そういう名前の付け方をしてない例外が少なくとも二つあります。例外の一つが『論語』です。当然こういう命名に従えば、論語はもともと『孔子』という名前で出されるべきだと思うんです。それがなぜ『論語』だけが『孔子』という名前ではないのか。もう一つの例外は『老子』です。これもこの伝でいけば、当然、老子は老という名字のはずですけれども、老子の名字は「老」ではなくて「李《り》」です。名前は耳《じ》です。よほど耳が大きかったんかと思いますが、李耳といいます。そして中国では字《あざな》というのがあって、人を呼ぶときは名前で呼ぶと失礼にあたるので、それぞれ呼び名・字《あざな》があります――ぼくの話はいつも横へ行ってしまうので、途中で止《と》めてほしいんですが……（笑）。呼び名と名前のあいだには必ずなんらかの因果関係がある。そういうことになっているんです。孔子は名が丘《きゅう》、故郷に尼山《じざん》のという山があり、また次男だったので、字を仲尼という、といわれています。

老子の場合、名前が耳で、耳ヘンのついた聃《たん》が字です。名字が李ということになりますと、『老子』という本は、当然『李子』という書名になるべきで、ほかの『孟子』とか『荘子』とかと同じ伝でいけばそうなるはずなのに、なぜ『老子』というのか。孔子の本を『論語』といい、李子の本を『老子』という、その二つだけがいまのところ例外なんです。ということは、この二人の人物は諸子百家の中で特別扱いされているということが、象徴的にわかるだろうと思います。

「字《あざな》」とは何か

話は横へいきますけれど、例えば杜甫の字《あざな》は子美《しび》といいます。「甫」と「子美」のあいだにどんな関係があるかといいますと、これは後で何回か出てくる、中国で一番古い字書、『説文解字《せつもんかいじ》』という、文字の説明をした本がありまして、「甫」の説明に「男子の美称なり」とあります。男を褒めて呼ぶときに甫という呼び方をすると。その男子の美称の「子」と「美」をくっつけて「子美」とした。とってつけたような関係なんです。例えば毛沢東というのは、革命家だから字なんて古臭いものはないだろうと思ったら、じつはそうでなくて、あの人は十九世紀に生まれていますから、生まれた時にだいたい親がつけるわけですけれども、ちゃんと字があるんです。字は潤之《じゅんし》と言います。これを名とくっつけますと潤沢という熟語になる。いかにも潤沢な体をしていますけれど……（笑）。こういう形の、古典の中の近い言葉を二つくっつけるとか、あるいは二つの言葉を……、例えば王維という詩人がいますけれども、あの人はお母さんが仏教信者で、インドの維摩詰《ゆいまきつ》という行者が好きで、尊敬していた。「維」はイあるいはユイと読むんですけれども、王維の維と維摩詰の維が同じなので、王維、字が摩詰《まきつ》という、そういう形で名と字《あざな》の間には必ず何か関係があるわけです。

アンチ儒教の『老子』

老子の場合は、「老」という字に意味がありまして、年取ったという老人の老が普通の意味ですけれども、それに引っかけて、老子は胎内に長いことおって、なかなか出てこなかった。出てきた時は八十一歳だった（笑）。白髪になっておったという伝説があるんです。それはおそらく老子という名前から、後でつくった伝説だと思います。そうでなくて、老子の「老」は年取っているという意味のほかに、畏敬すべき者という意味で中国語では使われます。

いまの中国語でも使われる「老」という字の典型的な一つは、老師《ラオシ》（先生）という言葉です。いま老師を呼んできますと言われて待っていたら、二十歳ぐらいのお嬢さんが出て来た。若くても中国語では老師で、年齢と関係ないんです。日本で老師というと白いヒゲをはやしたお坊さんが出てきますけれども、中国語で老師というのは、「畏敬すべき」という言葉を頭につけた言葉です。「老」というのはそういう意味です。

　ですから、虎のことをいまの中国語でも老虎《ラオフ》といいます。よぼよぼの虎が出てくるのかと思うと、虎の子でも老虎なんです。「虎」という名詞がすなわち老虎です。それから鼠を老鼠《ラオシュウ》といいます。鼠がなんでこわいのかというと、これはおそらく鼠は百姓にとっては大変にこわい存在だったと思うんです。これが大量に発生したら飢饉になってしまうものですから、そういう畏敬すべきもの。日本語で百姓というのは農民のことをいいますけれども、中国語の百姓というのは人民という意味です。百の姓をもった人々ということで、日本では庶民は名字がなかったけれども、中国は昔から名字がちゃんとありまして、百の姓をもった人々ということで、人民という意味です。人民というのは普通はおとなしいけれども、怒りだしたら何をするかわからないと。それで必ず「老」がつくんです。人民大衆というときは、必ず「老百姓《ラオパイシン》」というんです。ただ怖いのではなくて、どうにも手がつけられないような……。

　虎の場合、いまから二千年ほど前の『漢書』という本に出てくる言葉ですが、「虎者百獣之長（虎なるものは百獣の長なり）」とあります。中国にはライオンがいませんでしたから、百獣の王は虎だったんです。「百」という言葉は前に書いたことがありますけれども、三つ意味がありまして、一つは「百人一首」の「百」です。数えたら確かに百になるんです。もうひとつは「いっぱい」という、例えば百面相とか、百鬼夜行とか、それから百足《むかで》。百足の足を数えた人はあまりいないと思うけれども、本当に百あるかというと、たぶんない。たくさんという意味で百です。それからもう一つが、「すべて」という意味で使います。「百貨店」というのは、たぶんいろんなものを売ってるというのではなくて、なんでもあるという、そういう意味だろうと思います。そういう使い方は、じつは中国にもいろいろありまして、百獣の百もそうだと思うんです。だから虎というのは、いろいろ動物はいるけれども、いろいろの中の一番というのではなくて、あらゆる動物の中で一番。

その証明になるかどうかわからないけれども、『漢書』の中では「酒者百薬之長」が先の「虎」と対句になっているんです。

虎者百獣之長、酒者百薬之長。 〔虎なるものは百獣の長なり、酒なるものは百薬の長なり。〕

と。酒というのはいろんな薬よりもいいというのではなくて、どんな薬よりもまず酒であると(笑)。いまは医者の「医」はこんな略字にしてしまいますけれども、昔は「醫」と書いたんです。

下にこの字（酉）があった。これはじつは酒を表しています。酒を酌むとか、酒に酔うとか、全部この「酉」がついていています。これは酉《トリ》ヘンです。酒という字は、三水《さんずい》ヘンに酉《とり》だからサントリーだと思っている人がいますが（笑）。「とり」はあとでくっつけた読み方であって、もともとは徳利の形だと思うんです。絵文字です。だから酒に関係のある字は、全部この「酉」がくっついていいます。醫者の「醫」にもこの酉がついていて、医者の家にも必ず酒をおいておかないといかんのですね（笑）。「百薬の長」だから、どんな薬も効かなくなったときにはこれを飲ますと。そんなことは言うてないけれどね（笑）。ですから「老」というのはそういう意味があって、虎に老がつく。さらにもう一ついいますと、「老酒《ラオチュウ》」という酒があります。中国を代表する「老酒」。これは年取った酒、長いことおいてある酒という意味もあるでしょうけれども、中国語の感覚として、やはり酒の中の酒、第一の酒なんです。

だから「老子」というのは、先生の中の先生、どの先生よりも偉い先生と、そういう意味でつけられた名前ではないかと思われます。それで、これはぼくの想像ですけれども、孔子がだんだん有名になってきて、諸子百家の中で特別の扱いをされるようになります。実際に特別扱いされるのは紀元前百年ごろ、漢の時代、漢の武帝によって儒教が国家的な学問に昇格して、それ以後、権力と結びついて大きな力をもつんですけれども、だんだん力をもってくる段階で、アンチ儒家、アンチ孔子の人たちが、孔子をおとしめる、孔子よりも偉いやつがいるということを天下に示すために、老子という人物をでっちあげたのではないか。これは大胆な意見で、そんなことを言うと学界で袋だたきにあうかもしれませんけれども、そういう可能性が考えられる。『老子』という名前が付けられたのは、おそらくアンチ儒教という、そういう発想からきているのではないかと思われます。

「言」と「語」

さて、「論語」という名前の意味は一体どういうことなのかを調べるためには、後世の人が「論語」という名前はこうして付けられたということで、いろんな人がいろんなことをいってますけれども、そういうものを読んでもしょうがない。しょうがなくはないけれども、それよりももっと原理的に「論」という言葉、「語」という言葉は、漢字としてどういう意味かを追究していく必要がある。そのための手段の一つは、『説文解字』という本です（一三四頁も参照）。

『説文解字』は全部で十五巻、それぞれ上下に分かれています。この言《ごん》ベンの「言」という字が出てくるのが第三巻の上の部です。『説文解字』の三の上、言の部というところを引いてみると、言ベンの字がずらっと並んでいます。一番最初に「言」そのものが見えます。「言語」という言葉がありますが、孔子の「言行録」という場合も、「言」といいますけれども、それと論語の「語」、

「言」と「語」とはどう違うのかということは、普通はあまり注意しないんですが、『説文解字』はまずそのことから解き起こしています。

「言」のところに、

直言曰言、論難曰語。〔直言を言と曰《い》い、論難を語と曰う。〕

と。「直」というのは「ただ」という意味で、人がものをいう、ただいうだけ。一方的にある人物が言語を発する。それに対して「論難」というのは、それに対する答です。べつに非難しているのではなくて、それに対して論議をする。相手がいったことに対して反発したり同意したりする。これ（「論難曰語」）のためには、もともとこれ（「直言曰言」）がなければ成り立たないわけです。これ（「直言曰言」）は一方的な発言ですけれど、こっち（「論難曰語」）の方は対話という意味になってくるんです。それが「語」という言葉の意味だと。それが『説文解字』の説明です。意見を闘わすのが「論難」ということですから、ぽつんと何かいうのではなくて、お互いにいいあうときに「語」を使う。

その後に「段玉裁《だんぎょくさい》注」とありますが、『説文解字』というのは難しい本で、注がないと読めない。そこで、いろんな人が注を書いています。その中で一番優れた注といわれているのが「説文段注」といいまして、段玉裁という清朝の考証学者が書いた、非常に詳細な注です。『説文解字』を読むときは、だいたいこの「段注」を参考にしながら読むということになっています。

『説文解字』とは

これは中国で一番古い字書ですが、紀元一〇〇年という大変覚えやすい年に完成しています。ですからいまから千九百四年前になりますね。作った人は、後漢の時代の許慎《きょしん》という学者です。ここに解説されている文字の数は全部で一万足らずです。現在、漢字の数はなんぼあるかと言われたら、ゴマン。それはなぜかというと、ゴマンとあるから（笑）。しかしそれは冗談でなくて、ゴマンというのは「五万」と書くのと違うんですよ（笑）。「巨万」と書いてゴマンと読むんです。ゴマンとあるというのは、いっぱいあるという意味なんです。しかし本当に数えてみると、例えば日本で漢字を一番たくさん収めてある辞書は諸橋轍次さんの『大漢和辞典』ですが、あれに集めてある字の数は四万九千いくらです。だから五万ですね。それからその後、中国で『漢語大詞典』というでかい辞書が出まして、それが約六万。増えているんです。増えているというのは、漢字というのは異体字があったり、あるいは中国で新しく略字（簡体字）ができたり、それから人々が新しく作って行って、それがだんだん人々のあいだで広がっていく。

漢字というのは、書くのが大変だから、略字が作られていくわけですけれども、その略字ができる過程は、だいたいが日記とかメモを書くときに個人が勝手に略字を作るんです。その字を手紙なんかで送ると、相手もこれは便利だというので、二人のあいだではその字が共通のものになる。これは便利だというので広まっていって、それで市民権を得たのが略字です。

しかし市民権を得ない、ある分野でしか使われない略字というのが、いまでもたくさんあるんです。例えば「⿰亻⿱厶乚」という略字があります。これは仏教大学の学生しか知らないんですね。仏教大学の学生はノートを取るときに、仏さんの名前がいっぱい出てくる。書き終らないうちに次の仏さんの名前になって、書き取れないようになる。それで略字を作るんです。お「釈迦」さんは、画数が多いので、「⿰亻⿱厶乚」と一字にまとめて「シャク+カ」と。これはうまい略字だと思うんですが……。それから「菩薩」は「菩」も「薩」も草冠《かんむり》ですから、仏教大学の学生は「𦫿」と書くんです。これはかなり古くからある略字です。ところが仏教大学から一歩外へ出たらこういった字は使いません。外の人は釈迦なんて書くことはめったにないからね。大学紛争の時、「⿸广K⿸广〇」は慶応の学生が作った略字です。立看に「⿸广K⿸广〇」と。うまいなと思うんですが、早稲田の学生は知らない（笑）、こういう字は。

だからあるサークルで通用して、やがてそれが社会で市民権を得て行って、略字は完成する。そういうふうにして略字はいまもどんどん生まれつつある。中国でも略字は一応ストップさせましたけれども、まだまだ生まれる可能性があります。そういう異体字とか、いろんなものを集めていくと、いま、漢字は六万を越えるほどあるんです。

ところが二千年前の許慎の時には、まだ一万しかありませんでした。『説文解字』という名前ですが、日本では「文」「字」この二つを合わせて「文字」といっていますけれど、じつはこの「文」と「字」は全然別の意味の漢字です。「文」というのは絵文字――山とか川のことですが、単体で、二つに分解できない。それに対して「字」の方は、例えばこれ（許）なら言ベンに午ですね。行人ベン、三水ヘン、立心ベンに何々というふうに、二つの部分に分けられる複合体の文字のことを「字」と言います。山とか川とか、魚とか鳥とか、複雑なものでも、あれはもともと絵から作ったもので、分解できないものです。分解できない文字のことを「文」、分解できる文字のことを「字」といいます。「文」について説明し「字」について解釈するという意味で、『説文解字』という本の名前になっているわけです。

この許慎という学者は一万ほどの漢字を分類するときに、はじめて「部首」というもので分類しました。部首というのは、漢字を二つ以上の「部分」に分けたときの「首《しゅ》」たる部分です。ですからいまでいう三水ヘンとか、竹カンムリとか、金ヘンとか、そういう部分と、もう一つの部分に漢字を分ける。それで金ヘンの字はそこへ集める。いまの日本の漢和辞典は全部そのまねをしていて、二千年前の本と同じやり方をしているんです。ところが当時は部首の数をものすごく細かく分けていまして、一万しか字がないのに五百四十。いまはここに漢和辞典、『新字源』がありますが、これを開けてみますと、表紙の裏にずらっと並んでいるのが部首です。いまでも許慎の分類にしたがっているわけですが、数は合理化して減らしてあります。いくつあるかご存じでしょうか。こんなこと知っていてもしょうがないですけれども（笑）、二百十四です。だから半分以下に減っています。なんで減ったかというと、例えばいまの辞書は、虫ヘンは「虫」しかありません。許慎の『説文解字』は虫二つ「蚰」が一つのヘンになっています。虫三つ「蟲」も一つのヘンとして使われています。部首なんです。だからこれだけでも三倍あります。

「虫」というのは何かというと、許慎の説明によると、「蝮《まむし》也」と書いてあります。この字はもともと絵なんです。顎が張っていて、ここに毒が入っている。宝塚の手塚治虫記念館へ行ったら看板にこんな字（）が書いてありますが、これは虫という字のもとの絵文字です。だから普通ぼくらが使っている虫は蝮のことです。「蟲」のように三つ集まっている字、例えば「森」とかありますが、この三というのは三つという意味ではなくていっぱいという意味で使う。森へ行ったら木が三本しかなかったというような、あほなことはないわけです。いっぱいあるのを三本で代表させているんです。そうすると虫もそうなんです。小さいやつがうじゃうじゃと固まっている、その虫がこの虫です。こんな虫ヘンの字があるかというと、これはいまでも「蠱惑《こわく》」的な女性というふうに使います。「蝨《しらみ》」、これも虫が二匹で一つの部首になる。それらを三分の一に減らしたので、だんだん減ってきて、いまは二百十四部になっているわけです。そういう部首分類をしたはじめての字書が『説文解字』です。

中国古典とその注

以下は段玉裁の注の言葉です。

大雅毛伝曰、直言曰言、論難曰語。〔大雅毛伝に曰《いわ》く、直言するを言と曰《い》い、論難するを語と曰う。〕

とはじまります。さきほどの『説文解字』の言葉、「直言を言と曰い、論難を語と曰う」という言葉は、許慎がいったことではないと、暴露している。許慎の前の学者がいったことを許慎が引いているだけだと。

それがどこに出てくるかというと、中国で一番古い詩集の名前を『詩経』といいますが、「四書五経」の「五経」のうちの一つです。これは孔子学校で教科書に使われていた。『論語』の中に「詩（『詩経』）に曰く」という言葉がいっぱい引用されている。孔子は『詩経』の詩のもっている意味について弟子たちに教えているわけです。例えば『論語』の中に、「鯉」という字が出てきますが、これはコイではなくて、孔子の息子の名前です。「鯉《り》」という。ある日、この鯉《り》が庭先をぱっと走って横切ろうとしたら、孔子が呼びとめて、お前は「詩」の勉強をしたか、と注意する場面が『論語』の中に出てくるんです。「詩」と一言でいえば『詩経』のことです。孔子学校で使っている教科書、そのうちの一つが『詩経』です。だいたいいまでもそうですけれども、教科書というのは学生は読まないんですね。孔子の時からみんな読まないんです。孔子が怒って、教科書を読まないといかんということを説教していますが、その文章をまたいつかご紹介します（第3章一五三頁参照）。

『詩経』は三百ほどの詩を集めてあります。司馬遷によると、それまでにあった三千ぐらいの詩を孔子が整理して、いいものだけを三百集めて、『詩経』という本を作ったとなっているのですが、実際に孔子がやったのかどうかわかりませんけれども、ほぼ孔子のころ、孔子というのはだいたい紀元前五百年のころの人ですから、いまから二千五百年前ですけれど、そのころに編纂された。それ以前、五百年間ぐらいのあいだに語り伝えられてきた詩、その中から三百を選んだものが『詩経』です。ですから一番古いものは紀元前千百年ごろの詩が収められています。

その三百を三分類しまして、「風」「雅」「頌」。「風」というのは諸国の民謡です。「雅」というのはいまの雅楽という、宮廷で演奏する雅楽というのがありますが、宮廷で演奏される音楽につけられた歌、これが「雅」です。「頌」は褒め讃えるということですから、これは宮廷の廟、天子の先祖を祀る場所、そこで演奏される宗教的音楽につけられた歌です。一番面白いのは、各地の民謡の「風」のところが一番面白いのですが、「雅」の部は小と大に分けられまして、「小雅」と

「大雅」という。それぞれに何篇もの詩が収められています。『説文解字』の「言」の段注に「大雅」と出てくるのはそのことです。『詩経』の中の「雅」の「大雅」の部分についての「毛伝」。「毛伝」というのは、漢の時代に毛亨《もうこう》という学者がいまして、それが『詩経』の注を書いているんです。注のことを「伝」といいます。伝えるというのは、注のことです。毛亨が書いた注というので「毛伝」といいます。「大雅」のある言葉について毛亨が注をした中に、「直言曰言、論難曰語」という言葉が出ているというわけです。

そういうふうに「段注」は出典を明らかにした上で、「正義作答〔正義、答に作《つく》る〕」と紹介しています。「正義」というのは「毛詩正義」といって、毛という学者の家に伝わった『詩経』のテキストのことを、「毛詩」というんですが、『毛詩正義』という本が唐の時代に書かれています。「正義」というのは正義の味方月光仮面というのではなくて、義を正すという、正しい意味を与えるということです。そういう注を書いた本、そこでは「語」という字が、「答」という字になっている。「作」というのは、そういう字に書かれているということです。

『正義』という本には、毛亨の伝と、それから鄭玄《じょうげん》という、これは後漢の学者の注が引かれています。『詩経』からは離れますが、

鄭注大司楽曰、発端曰言、答難曰語。注襍記曰、言言己事、為人説為語。

〔鄭、大司楽に注して曰く、発端を言と曰《い》い、答難を語と曰う、と。襍記《ざっき》に注して曰く、言は己《おのれ》の事を言い、人の為《ため》に説くを語と為《な》す、と。〕

「大司楽」というのは、周代の礼について書かれた『周礼《しゅらい》』という本がありまして、中国の学問をやるときは、必ず十三の経書《けいしょ》、「十三経」というのを読まなければならない。その中に『論語』や『孟子』や『詩経』などの他に『周礼』という本も入っていまして、儒教の十三の基本的テキストの一つが『周礼』です。その『周礼』の中に「大司楽」という篇があって、そこに鄭玄が注をして、「発端曰言、答難曰語〔発端を言と曰い、答難を語と曰う〕」といっている。「発端」というのは、いいだす言葉、これを「言」といい、それに対して答える言葉を「語」という。

さらにその鄭玄という人が「五経」の中にある『礼記』という本の、「襍記」という篇に注をしている。見たことのないような字（襍）ですけれども、これは夏目漱石のころはまだ使っていたんです。何とか襍記《ざっき》と。この「襍」という字は、いまの日本の略字では「雑」。中国の略字は「杂」で、右側を取ってしまうんです。中国の略字はすごいんですね。例えば「义」という略字があります。こんなもの日本人には見当もつかない。これは実は「義」の略字です。なんでそんなことになるのかというと、「義」の字の右下のところがこう（义）なっているんです。これをうまいことバランスをとって、「义」としたんですね。ぼくの名前は「知義」というんですけれども、中国人から手紙が来ると、表書きはいま全部「知乂」なんです。「知」はそのとおりですけれども、「義」はペケチョン。日常使っているあらゆる漢字を十画以内で書けるようにする。ふだんあまり使わない字は放っておくけれども、いつも使う民主主義の義は十三画ですから、こうすると三画になりますね。

昔の一番古い書体の「襍」という字は、もともと「雜」の異体字です。部分部分の場所が変わっているだけで、ちょうど「峰」と「峯」、「島」と「嶋」のように。場所が換えてあるだけです。それで「雜」は、左上が「从（ころも）」、そして左下に木、右に隹《とり》がいまして、この木と隹を上・下にあつめますと、「集」という字になりますが、この字の古い字体「雧」は、隹が上に三羽、三羽というのは、さっきの「森」と同じで、三つではなくていっぱい木の上にいる。だからこの字は「集まる」という字です。そして左側が衣ですから、布なんです。スカートの布とか、パンツの布とか、褌の布とか、そういう布を集めて作ったのが「雜巾」です。だから「雜」という字は、もともとこう書いたんです。この方（襍）がわかりやすいですね。布を集めたと。

漢音と呉音

これはまた余談ですけれども、いま「鄭玄《じょうげん》」と言いましたけれども、名前を呼ぶときは、「じょう」と言います。ところが鄭玄の注、鄭注のときは「じょうちゅう」と言わないで、

「ていちゅう」とよびます。どう違うかというと、これもご存じのことかと思いますが、「てい」の方は漢音、「じょう」の方は呉音と言います。「漢」というのは国の名前ではなくて、地域の名前で、唐代の長安の都一帯のことを「漢」と呼びました。昔そこに漢という国ができたわけですけれども。それから「呉」はいまの上海の方です。ですから揚子江の下流です。じつは呉の方の音が先に日本へ入ってきました。紀元後五、六世紀のころ、日本人は最初、中国語を上海発音で読んでいた。呉音です。そのころにいろんな文化が入ってきました。日本人の着ている服は日本の服だと思っていますけれども、もともと呉から来た服です。それでいまでも「呉服」というんです。「呉」の名前が残っているでしょう。それと同時に発音が上海発音だった。その時すでに仏教が入ってきていた。だから仏教関係の言葉、お寺の名前とか、坊さんの名前とか、お経の読み方とか、そういうのは全部呉音で読むんです。「文字」の「文《ぶん》」は漢音で、「文覚《もんがく》上人」とか、「文殊《もんじゅ》の知恵」というのは呉音です。ところが全部が全部そうかというと、そうでないので困るんですが、例えば、「按摩《あんま》上下《かみしも》十六文《もん》」というでしょう。仏教と関係あるのかというと関係ない。関係がない場合でも呉音で読むことがあります。しかし仏教の方はだいたいが呉音、たとえば法然《ほうねん》上人というでしょう。「ほうぜん」と言わないで「ほうねん」というのは、あれは呉音です。

いま先生が言われた法然の「然《ねん》」ですが、親鸞などでは「自然《じねん》」だったのに、いまは「自《し》然《ぜん》」と読んでいますから、「じねん」が呉音、「しぜん」が漢音ということですね。

そうです。だから「し」と「じ」は濁っているのと濁ってないのとの違いだと思ってるけれども、じつは違うんです。「じ」が呉音で、「し」が漢音なんです。清濁ではないんです。「自然《じねん》」、山芋のことを自然薯《じねんじょ》というでしょう。あれはおそらく精進料理の名前からきてると思うんです。「しぜんしょ」とは読まない。

七九〇何年か、日本が桓武天皇の時に、「漢籍は漢音で読め」という詔勅が下るんです。それまで呉音と漢音が混ざっていたんだけれども、要するに言語統制するわけです。漢音で読めと。ところがあまりにも呉音が普及していたために、すべての人がそれに従うというわけではない。それで呉音は日常生活の中に残るし、仏教関係者は頑としてそれを拒否して、呉音でやってきているわけです。そのためにこの鄭注というのは、漢音で読まないといけない、漢籍ですから。漢籍の注ですから。だから注のときは鄭注《ていちゅう》と漢音で読ませるんです。ところが昔から鄭玄《じょうげん》さんといってきたものだから、呉音が残っているわけです。

七九三年か、そういう詔勅が下ったために、天皇家の子孫は、詔勅は漢音で読ませるということをがんばって守ってきているわけです。例えば「教育勅語」の中の、兄弟《きょうだい》を呉音で読ませないで、「兄弟《けいてい》に友《ゆう》に夫婦相和し……」と、漢音で「けいてい」と読ませるでしょう。それから「上下《じょうげ》心を一《いち》にして」を、「しょうか心をいっにして」と読ますでしょう。あの「しょうか」「いっ」というのは漢音なんです。ぼくたちが普通、「上下《じょうげ》」といっている、日常語の「上下」の方が呉音なんです。仏教は呉音、天皇家は漢音と、がんばっているように見えるんですけれども、じつは「教育勅語」の中で「徳器《とくき》を成就《じょうじゅ》し」という言葉が出てきます。この「成就」は、漢音で読むのなら「せいしゅう」と読まないといかんのです。

ところがたぶん御用学者がまちがったんだと思うんですけれども、あれを「じょうじゅ」と読んでいる。ぼくたちは日常、本願成就《じょうじゅ》というでしょう。仏教の方で本願成就《じゅうじゅ》というからこれは呉音です。成仏《じょうぶつ》とか。漢音で読むんだったら「せいしゅう」と読まないといけない。時々、天皇家もまちがっていると、そういうことになりますね。

語・論・議の三角関係

さて、『四書五経』の中に『礼記《らいき》』という本がありまして、その『礼記』の中に「襍記《ざっき》」という部分があって、その「襍記」に鄭玄が注をして、こういうふうに注がつけているというのです。

注襍記曰、言言己事、為人説為語。

こういう短い漢文というのは、案外読みにくいんです。

漢文をスラスラ読むコツというのは、本当はないんですけれども……(笑)。でもちょっとしたヒントをいいますと、漢語というのは二字と一字の言葉しかないんです。三字とか四字の漢語というのは、必ず二字と一字か一字と二字、あるいは二字と二字に分かれるんです。分解していくと、漢字は全部一字になります。表意文字ですから、一つ一つ意味がありますから、完全分解すると一字になります。しかし二字の漢字がくっついて熟語を作ることがしばしばあります。ところが三字の熟語は必ず二字と一字か、一字と二字に分解できます。くっついて離れない、離したら死ぬとか、そういう三字の言葉はないんです、漢語の中には。ですから日本語にもその影響がありまして、三字の熟語は必ず……、例えば「紅一点」は三字ですね。たくさんの中に女性が一人いることを「紅一点」といい、一つの熟語ですが、それは「紅・一点」なんです。下二つがくっついているんです。どんな熟語でも三字は、上二と下一か、上一と下二に分かれるんです。だから漢文を読むときに、三字の熟語はないわけですから、二字の熟語をまず探すんです。そうするとあとに一字の言葉が残り、大変読みやすくなります。

たとえば「言言己事」、これではわからない。お経みたいなもので読みようがない。だけどどこの中にくっついた言葉があるかと考えてみる。「言言」はくっつかない。そんな言葉はない。ところが「己《おのれ》の事」というのは、これは二字で一つの言葉だろうということがわかります。それから「為人説為語」のうち、上二字で「人の為《ため》」、下二字で「語と為《な》す（言葉とする）」。これでこの漢文は読めるようになります。「言は己の事を言い、人の為に説くを語と為す」と。この場合の「人の為に」というのは、これは司馬遷の『史記』などによく出てくるんですが、「人に向かって」という意味で使っているんです。人に対して何かをしゃべる。ただ自分自身のことをしゃべる、一方的にしゃべるのが「言」で、人に向かって、人から言われたことに対する答えとか、要するに対話になるようなものを「語」というと。

『説文解字』段注のその次は、

按三注大略相同。下文、語論也、論議也、議語也。

「三注を按《あん》ずるに」、「按ずる」というのは考えるということですが、「三注」、三つの注、すなわち以上にあげた、段玉裁自身があげた毛亨による『詩経』の注、鄭玄による『周礼』の注、『礼記』の注という三つの注を考えてみるに、「大略相《あい》同じ」、みんな同じようなことをいっている、意味はいっしょだと。

「下文」というのは、後の方の文章ということで、何の後かというと、『説文解字』のこの「言」の部分の後の方に出てくる言《ごん》ベンの字について説明がいろいろある。「下文に語は論なり、論は議なり、議は論なり」。これはどういうことかというと、言ベンですから、言ベンの字がずらっと並んでいるんです。「語」という字も出てくる、「論」という字も出てくる、「議」という字も出てくる。それらについて一字でずばっと説明しているわけです。「語」というのは「論」のことであり、「論」というのは「議」のことであり、「議」というのは「語」のことだと。

ぼくは子供の時に辞書を引いて、腹が立ってしょうがなかったのは、ある言葉を引いたら、AはBだと書いてある、そしてBを引いたらAだと書いてあるんです。ここでは、語・論・議が三角関係になっていますね。「語」は「論」で、「論」は「議」で、「議」は「語」だと、もとへ戻るんです。昔の辞書というのは、こういうものですね。それで段玉裁先生は説明せざるをえないわけです。だからうしろに注をつけたということになります。

三角関係を解消するために

「語は論で、論は議で、議は語」だという三角関係を追っかけていきますと、『説文解字』の同じ「言の上」の言の部に、

語、論也。

「語」については「論なり」と一字で説明してある。それだけ書いてあってくわしい説明がないので、段玉裁がそれに対して注をつけています。その段玉裁の注に、

此即毛鄭説也。〔これすなわち毛鄭の説なり。〕

と。語を論だというふうに決めているのは、『説文』の説ではなくて、さきほど出てきた、毛亨と鄭玄という二人の説であると言っているのです。あとちょっと省略がありまして、その続きは黒板に書いた方がいいですね。

一人弁論是非謂之語、……与人相答問弁難、謂之語。

となっていますけれども、これを読むには、さっきのように二字の言葉と確定できるものを、先に選んでしまうんです。「一人」とか「弁論」というのは一つの言葉だと見当がつきます。ところがうっかり引っかかるのは、次の「是非」で、「是非」とあるから、ぜひそうしようかというわけで、これはくっついたものだと思ってしまうと悲劇なんです。全然わからないようになります。最後の「謂之語〔之れを語と謂う〕」というのは、これは一つのイディオムというのか、これはこういう書き方をするんです。これはいっぱい出てきますのでわかります。「是非」はどうかというと、これは二つに分解しまして、こうなるんです。「一人の弁論は是之《これこれ》を語と謂《い》うに非《あら》ず」。そんなものは語と違う、それは言だと。「与人相答問弁難」の場合も、このへん〔「与人相」〕はなんのことかわからないけれども、「答問」という言葉と「弁難」という言葉がある。それからこの「与」は「と」と読むんです。「人と相《あい》答問、弁難する、これを語という」。他人と受け答えしたり、議論したりする。そういう、言葉がお互いに交わされることを語という。一人でしゃべっているのは「語」ではない、対話が「語」であると、こういっているわけです。だから議論の「論」という意味で解釈している。「語は論なり」というのは、事柄について論ずることだというのです。

同じく「言」の部の、今度は「論」です。

論、議也。

「論は議なり」とある。その次の段玉裁の注は、難しい字が出てきますが、

侖部曰、侖理也。

「侖」の発音は「やく」。「やく」というのは鍵のことです。そういう部首があるんです。これはじつは、いまの漢和辞典、その一番最後の部首、これがそうでしょう。いま辞典でこの「侖《やく》」というのが、部首の二百十四番目、最後なんです。これは竹冠《かんむり》をつけて「笛」という意味にも使い

ます。冊は竹が三本タテに並んだ絵で、その上に穴が三つ開いている、笙篳篥《しょうひちりき》の笛、それの絵からきてるというんです。それが部首になっていまして、その部に、じつは穴を三つ取った字の説明がありまして、その字は、人ベンをつけますと「倫《りん》」ですね。だからこの人をとった「侖」も、音は「やく」ではなくて「りん」です。だから「侖《やく》の部に曰く、侖《りん》は理なり」と読む。「理」というのは理屈、筋道、「侖」というのは筋が通っていることであると。人と人との関係に筋を通すのが「倫」、「倫理」というのはそういうことだと。

その続きはわりあい読みやすい。

凡言語循其理得其宜、謂之論。故孔門師弟子之言、謂之論語。

「凡《およそ》」というのは日本語と違いまして、日本の「およそ」は「だいたい」ですけれども、漢文の「およそ」は全部です、すべて。あらゆる場合、それが「およそ」なんです。「すべて言語の其の理に循《したが》い、其の宜《よろしき》を得る、これを論と謂う」。「言」と「語」をくっつけまして、人間の発する言葉と対話、それが「言」と「語」なんですが、人間の言葉で理にしたがっていて、よろしきを得ている、筋が通っている。そういうものを論という。筋の通った議論、そういう意味でしょう。「故に孔門の師弟子《していし》の言」、孔子一門の先生と弟子の話したこと、「これを論語と謂う」と。だから段玉裁の『論語』の解釈は、『論語』という本は、筋の通った言葉を記録した本だと、そういうことになります。「論」は筋が通った「理」、「理」にかなった「語」、そういう意味だというんです。これが一説です。しかし『論語』の定義についてのこの説は、あまり通用してないんです。次の説の方が、一般には通用しています。

『漢書』のなかの『論語』の位置づけ

次の説というのは『漢書』という本の芸文志《げいもんし》という篇に見えます。漢というのは紀元前二百年から紀元後二百年までの四百年間ですが、途中で、ちょうどキリストが生まれた直後ぐらいに一度滅びるんです。非常に短い時間だけ他の支配者に取って代わられますが、すぐに盛り返して、もとの漢を立て直します。両方とも名前は漢ですけれども、長安から洛陽へ都を移して、新しい漢ができた。それで前漢と後漢といいます。

漢の前半のまん中へんで司馬遷が出てきまして、『史記』という本を書きます。考えうるかぎりの古代から、司馬遷の現代に至るまでの通史を書くわけです。ずっと昔から司馬遷の時代までの歴史が『史記』です。ところが後漢になって班固《はんご》という学者が現れまして、この人が前漢の歴史、『漢書』という本を書きます。後で『後漢書』という後漢の歴史ができるので、『漢書』のことを

（西暦）
200 前100 1 後100 200 300 400 500 600 700 800 900 1000 1100 1200 1300 1400 1500 1600 1700 1800 1900

前漢	後漢	魏・呉・蜀	六朝時代（呉・晋・宋・斉・梁・陳）	隋	唐	五代十国	宋	元	明	清

中国王朝　略年表

『前漢書』と呼ぶようになります。ですから皆さんのプリントにあるこの『漢書』というのは、すなわち『前漢書』のことです。

　司馬遷の『史記』のこの部分と『漢書』のこの部分とは、まったく同じ時代のことを書いているんです。司馬遷の『史記』と班固の『漢書』が約百年、同じ時期のことを記録しています。二人の書いた同じ時期の歴史の記述内容は違うのかというと、それはほとんど同じです。なぜ同じかというと、班固は司馬遷の『史記』を盗んで、そのまま自分の本に記録しているんです。そんなことをしたら、いまだったら裁判沙汰になりますね。ところがそういう時に便利な言葉がありまして、その出典は『論語』なんですけれども、こういうときに『論語』は権威がありますので大変便利で、「述而不作〔述べて作らず〕」という言葉です。「述べる」というのはただ述べるのではなくて、「祖述」するという言葉がありますが、昔、立派なことが言われていたら、それをそのまま後世に伝える、創作しない。ごちゃごちゃ自分の考えを述べたりしない。この時代のことについては、司馬遷がすでにちゃんとしたことを書いている。だから自分は一言も加えないで、そのままいただく。もちろん時代が百年以上違いますので、所どころ言葉の問題で変えてあるところはありますけれども、ほとんど変わりはありません。

『漢書』という本ができた後、中国では「一王朝一歴史」という習慣が確立して、例えば明治が終わって大正になると、大正天皇が学者を集めて明治史を作らせる。昭和になると昭和天皇が学者を集めて大正史を作るという、勅撰の歴史書が歴代ずっと作られた。それは数えると全部で二十四になりますので、「二十四史」といっていますけれども、「一代一史」という習慣ができるんです。

その中のトップ、司馬遷の『史記』は一時代ではなくて長い歴史を書いていますので、ちょっと例外的なんですが、一時代の歴史を書いたものとしてのトップは『漢書』です。『漢書』というのはいろんな新しいことをやっています。その一つがこの「芸文志」という部分です。「芸文志」というのは宮廷の蔵書の解説目録です。「宮廷蔵書解説目録」。ですからいまの日本でいうと、国会図書館蔵書目録です。ただ目録だけでなくて、それぞれの本について解説が付いています。だから古い本を調べるときに大変便利です。『漢書』の時代、すなわち班固が現れた紀元一世紀の初めのころの記録によって、前漢の時代の宮廷に収められた図書の目録について、それぞれの本の解説をしているのが、この『漢書』芸文志です。こういうことをやったのは大変画期的です。そのお蔭で昔どんな本があったかということがわかるようになっています。『論語』の解説もここに出て来ます。

論語者、孔子応答弟子時人、及弟子相与言而接聞於夫子之語也。当時弟子各有所記。夫子既卒、門人相与輯而論纂。故謂之論語。

「論語なる者は、孔子、弟子・時人《じじん》（その時代の人たち）に応答し」、「及」は「および」と読んでもいいのですが、「また」と読んだ方がわかりやすい、同じことです。「及弟子《また》あいともに言いて」、「夫子《ふうし》」は「先生」という意味です。論語の中にも「先生」という言葉が出てきますけれども、これはいまのぼくらが使っている先生と意味が全然違います。ミスターということなんです。要するにもともと「先に生まれている」というだけのことなんです。「後生可畏也（後生おそるべし）」という言葉が『論語』の中に出てくる、それに対する言葉で、後から生まれてきたやつはこわいぞ。それに対する「先生」です。「先《ま》ず生きてる」という意味ではなくて、「先に生まれた」人。だから日本語の「先生」は、『論語』の中では必ず「夫子」という言葉で出てきます。「夫子に接聞《せつぶん》するの語なり」。「接聞」というのは直接聞くんです。先生に直接会って聞いた。ですから孔子が弟子や当時の人と応答した言葉、弟子たちがお互いにしゃべった言葉、それから先生に直接聞いた言葉。それらをまとめたのが『論語』だというのですが、当時の弟子たちは、「各々記するところあり」。それぞれ自分でノートを作っていた。孔子先生の言葉をメモしていた。ところが「夫子すでに卒《しゅっ》し」、「卒」は、死ぬという時は「そつ」と読まないで「しゅつ」と読むんですが、先生がすでに亡くなってしまった後に、「門人あいともに輯《あつ》めて論纂《ろんさん》す」。弟子たちがメモを持ち寄って、それらの言葉を集めて、「論纂」というのは論議をして編集するということです。いろいろ議論しながら一つの本にまとめたと。「故にこれを論語という」。だから孔子および弟子たちの語を論纂したもの、すなわち編集したもの、それが論語であると。これが『漢書』芸文志の説です。

さきほどの『説文解字』の段玉裁の説では、論理的な、理論的な、筋の通った言葉を集めたものというのが論語だというのですが、『漢書』芸文志の方は、孔子および弟子たちの言葉をいろいろ議論した上で一つにまとめたものだといっている。だいたい普通はこの説がとられています。

荻生徂徠の『論語』論

じつは日本の、ご存じだと思いますが、荻生徂徠《おぎゅうそらい》という、悪くいえばけったいなというか、よくいえば非常にすばらしい学者が江戸時代にいたんです。この人は江戸が鎖国時代であるにもかかわらず中国語ができた。それは長崎の通詞《つうじ》（通訳）を通して勉強したんだと思いますけれども。漢文というものをやってみるとわかるんですが、現代中国語をしゃべれないような人はほんとうは漢文は読めないんです。あたりまえのことですけれども。現代日本語を知らずして『源氏』だけ読めるというアメリカ人がいましたけれども、食堂へ行ったら『源氏』の言葉でしゃべっているんです（笑）。だけどそれでは本当に『源氏』が読めるはずはないでしょう。漢文を読んでも、現代語の力が欠けていたら読めない、昔の漢文の先生はみんなそうだったんです。中国語ができずに漢文だけやっていましたから、日本語になっている漢語は日本語として理解しているので、もとの意味は現代中国語とつながっているわけですが、それ抜きにしてやっていますので、時々ずっこけることがあるんです。徂徠の場合はそれがなかった。

そういう点でも非常に偉い学者だと思うのですが、『論語徴』という本、これはいま手に入れるのがなかなか難しくなっていますけれども、平凡社の東洋文庫という中近東からアジア系の古典を集めた箱入りの緑色の本、それに二冊本で出ています。この本は、原文は漢文ですから、読み下し文に直して、注釈をつけて、京大の小川環樹先生がその仕事をやっています。じつに面白い本です。荻生徂徠は、『論語徴』の「題言」――というのは序文ですけれども――の中で、次のようなことをいっています。

凡そ言の以て教へと為す可き者、みな之を語と謂ふ。「語に云ふ」（孟子万章上）及び「請ふ斯《こ》の語を事とせん」（顔淵篇）の類の如き、見る可き已《のみ》。

「凡《およ》そ言の以て教へと為す可き者」、これは教訓を含んだ言葉のことを言っています。ただの言葉ではない。「みな此を語と謂ふ」。『孟子』万章篇の上に「語に云ふ」といういい方が出てくる。『論語』顔淵篇というのは、岩波文庫版の二二四頁に出てくる言葉で、「『斯《こ》の語を事とせん』の類のごとき、見るべきのみ」。「見るべきのみ」というのは、それが証拠になるということです。『孟子』の中の「語に云ふ」というのは、昔からの言い伝え、ことわざみたいなものについて「語に云ふ」といういい方をしています。ことわざみたいなものというのは、すべて教訓を含んだ言葉であるということで、徂徠は教訓を含んだ言葉を「語と云ふ」証拠として『孟子』をあげ、後の顔淵の方は、孔子がいったことについて私はそれを守っていきましょう、と弟子の顔淵（＝顔回）が言っているので、それも教訓を含んだ言葉であると。

さて、プリントの2の部分で、『論語』の中の「語」という語についてちょっと分析してみました。それはやってみると、確かに荻生徂徠が言ってるのはなるほどなと思われるような使われ方をしているんです。「語」は普通の言葉ではなくて、教訓を含んだ言葉の場合が多いのです。

日本のシノロジーの系譜

近代において元田《もとだ》永孚《ながざね》（明治天皇の教育係）は儒者だともいわれますが、明治以降、近代では徐々に「儒者」と言える人がおられなくなってくる流れと考えたんですが、どう考えたらよろしいでしょうか。

正確なお答えはできませんけれども、例えば吉川幸次郎先生は、しばしばぼくらに向かって、「わしは儒者やからな」と誇りをもって言われました。その意味は、儒教とか道教とかいうことが意識にあっての儒者ではなくて、考証学という学問をちゃんと身につけた学者だと、そういう意味で使われていたように思いますけれどね。だから清朝の学問を受け継いだ者で、わしは日本人と違うと。だから日本のことをいうときは、「貴国の」と吉川先生は言うんです。それで自分の国のことを「弊国《へいこく》」というんだけれど、それは中国のことです。自分自身は中国人だと思って……(笑)。だから服装も中国人の服装をしてたしね。中国人になりきるという、だから言葉もそうだけれど、なりきるという発想になって、そこから出てきている儒者という言葉は、いま言ったように、真の学者という、考証学を身につけた清朝の伝統を受けついだ学者という、そういう意味で使われたと思います。そういう使われ方は、たぶん吉川先生が最後だと思います。

一海先生は違う？

ぼくはとてもやないけど、はずかしくて(笑)。

実際、吉川先生は日本のものは読まれなかったと。

そんなことはありませんが……。萩原朔太郎は先生の愛読書でした。

ちょっと話はずれるけれど、このあいだ神戸大学で、ドイツ、イタリア、中国、韓国、フランスの中国研究者が集まって、自国の中国研究の歴史と現状と、それから外国から見た日本の中国研究批判というのか、そういう話のシンポジウムが一日あったんです。それ自体は大変面白かったんだけれども、その時感じたのは、ぼくらの先生の吉川先生のもう一つ前の時代、内藤湖南とか、狩野君山とか、鈴木虎雄とか、ああいう人たちの世代の中国研究者の研究雑誌、それは『支那学』といっていた。いまでいうと「中国学」だけれど、そこでは文学も哲学も分かれてないんです。総合の学としての、だからシノロジーなんです。ヨーロッパにはいまでもそういう形態が残っている。ヨーロッパの支那学というのは。もちろん少しは細分化してますけれども、日本のように細分化して、例えば白楽天の朝酒の研究だとか（笑）、極端にいえばそういうことになっている現状、日本の研究に対するヨーロッパの人たちの批判が出ていまして、それが大変面白かったですね。吉川先生のころから、すでに分化がはじまっているんですね。

吉川先生は、歴史というのはあまりなさらなった？

そうなんです。素人やと自分で割り切ってしまって……。

しかし吉川先生の先生は違ったんですか。

違うんです。

そうすると吉川先生の前の先生は、とくに中国語がしゃべれるとかいうような先生はいなかったんでしょうね。

それはしゃべれる人としゃべれない人といたと思います。内藤湖南はどうでしょうかね。狩野君山はしゃべったでしょうね。

「語」とは何か

次に、『論語』に見える「語」という語について見てみましょう。その前に、さきほど引用した『孟子』の「語に云ふ」につづくことわざ、昔からの言い伝えにいうという部分についてふれておきます。

語云、盛徳之士、君不得而臣、父不得而子。……

「語に云う、盛徳の士は〔すぐれた徳をそなえた人物は〕」、その次の読み方がちょっと普通の漢文の読み方では読みにくいんですが、「得ず」と読まないで、「得て臣とせず」。君主もこれを臣とすることはできないということで、そのあとも「父、得て子とせず〔父も子とすることができない〕」と読まないと、意味が通らないんです。この部分の解釈は「そういう昔からの言い伝えがあって、それはまた教訓的な意味を含んだ言葉だ」というのが徂徠の説です。

それでもとの『論語』へ戻りまして、「語る」という言葉についていくつか例があるんですが、その中の二例だけ引いてみました。これは大変有名な言葉ですが、岩波文庫一三九頁の述而篇に出てくるものです。

そこでまた余談になりますけれども、『論語』の篇の名前、「述而」とか「学而」とか「憲問」とか、それは何の意味もない。最初に出てくる言葉から二字を取ってつけたんです。これは『詩経』の詩の題もそうです。はじめに詩ができて、あとから最初に出てくる言葉を詩の題にするんです。ちょうど日本で「おてもやん」とうたい出すと「おてもやん」という題になるのと同じで、歌の出だしなんですね。『論語』もそうです。だから述而篇は「述べて」何とかという文字ではじまっている、それで「述而」と題しているだけのことです。

その述而篇に次のような言葉が出てきます。

子不語怪力乱神。　（述而篇、一三九頁）

子《し》、怪力乱神を語らず。

この場合の「怪力乱神」、普通漢語というのは四字であれば二字ずつ、安保反対とか、そういうふうに二字ずつが必ずペアになるのが普通ですけれど、この場合は「怪力」と「乱神」ではなくて、「怪」と「力」と「乱」と「神」という四つの言葉です。

いまは大変便利になりまして、『論語』にもインデックスがありますので、それで調べてみると、「怪」という言葉はここにだけしか出て来ない。物の怪《け》みたいなものを指しています。「力」という言葉はごく普通の意味ではいくらでも出てきます。特別の力、この場合は、道を歩いていて横丁へ入ったかと思うと、マントをパッと取り出して空へ飛び上がるというような、ああいう力です（笑）。ちょっと普通では考えられないような力です。それから「乱」という言葉は数か所に出てきます。これは乱れているというか、無秩序、秩序がなくなってしまっているというような意味です。あいつは酒飲んで乱れているというのと同じで、秩序がないことです。カオス状態のことです。それと「神」というのは、神霊、これは日本語の神《かみ》ではなくて、人間でいえば亡者のこと、死者の魂のこと。あるいは鬼という字とくっつけて「鬼神」ともいいますけれども、そういう言い方で『論語』の中に何か所か出てくるんです。

これら四つは人間の日常生活の中ではありうべからざるようなこと、そういう空想に関係するような事柄を列挙しています。

さて、この「不語（語らず）」についてですけれども、岩波文庫の金谷先生の注訳は、大変苦労して訳してあって、大変だったろうなと思うんですが、「先生は怪異と暴力と背徳と神秘とは口にされなかった」とあります。「口にされなかった」、これが徂徠と違うんです。徂徠は「不語」と

いうのはそういう意味と違う、口にしないということではないと。それで『論語徴』を見てみますと、

語は誨《おし》へを言ふなり。けだし弟子を召《よ》びて之に語し、其れをして奉じて以て諸《これ》を己《おの》れに行はしむる者なり。……「顔淵、仲弓、仁を問ふ」、孔子云々すの如き、みな曰く、「請ふ斯《こ》の語を事とせん」と。

「語は誨《おし》へを言ふなり」、誨言《かいげん》といっていますけれども、教訓を含んだ言葉だと。「弟子を召《よ》びて之に語し、其れをして奉じて以て諸《これ》を己れに行はしむる者なり。……」お説教して、そのとおりにせよと先生がいわれた。「顔淵、仲弓、仁を問ふ」、という条が『論語』の中にありますが、「孔子云々すの如き、みな曰く、『請ふ斯《こ》の語を事とせん』と」。これはさっきの弟子の顔回が「斯の語」、先生の教訓をふくんだ言葉について、それを守ろう、そういうふうにいったというんです。それから次に出てくる「不語」は郷党篇、一九二頁。

食不語、寝不言。（郷党篇、一九二頁）

■ 食らうには語らず、寝《い》ぬるには言わず。

これも岩波文庫の訳を見てみますと、「食らうには語らず、寝《い》ぬるには言わず」と訓読してありまして、現代語の訳は「食べるときは話をせず、寝るときもしゃべらない」。食べるときに話をしない。いまでも親が、飯食うときはしゃべるなという、あれといっしょのように訳してあるんです。ところが徂徠は違うことをいっています。『論語徴』を読みますと、

けだし語とは誨言なり。……食に当たるの時は語せず。食訖《おは》りて乃《すなは》ち語す。道を尊ぶゆゑんなり。

と。だから食事中は教訓を含んだような、説教的言辞を吐くことはないと(笑)。「ゆゑに君子は平日も亦《ま》たその礼に依り、食に当たっては誨言せざるなり」。そういうことをきちんと守っているというんです。だから日常会話はかまいませんというわけです。

それでぼくが徂徠のいうことについて、なるほどな、面白いなと思うのは、孔子が「怪力乱神を語らず」、口にしないといってしまうと、そういうことは『論語』の他のところに出てこないはずです。口にしないんだから。ところが口にしているんです。なんべんも鬼神のことが出てくるんです。で、その鬼神のことについては、また項をあらためてお話ししたいと思います(第2章参照)が、徂徠は孔子が一般的に口にしなかったのではなくて、学校の教壇ではこういうことをしゃ

べらなかった、といっているんです。弟子にはそういうことはいわなかった。そういう世界のこと、お前たちはそういうことに興味をもつなよと。人間世界のことに専心せよという、それが孔子のリアリズムというのか、ぼくはプラグマティズムと言った方がいいと思うんですけれども、人間中心主義みたいなものがあった。そういうふうに言っていいかと思います。

以上、『論語』の中から一応、「語」を全部ひろってみたんですけれども、「語」は対話を意味する言葉で「言」とは違う使い分けがしてあるということは確かだと思います。ただし徂徠がいう、教訓的言語だけを語というかというと、しばしば教訓的言語を「語」というときがあるけれども、そうでない場合もあると、そう思います。

「対話」という意味は一般的です。普通の「言葉」という意味ではない。ただし教訓的かどうかについては、教訓的である場合もあるし、一般的である場合もあると。そういうことになります。しかも『論語』の中の「語」だけが教訓的な使われ方をしている場合があるだけでなくて、『論語』以外の文献の中でも、しばしば「語」が教訓的意味を含んで使われている場合がある。それはそうだと思います。

王維の詩に見る「語」

一般的にいって、中国の詩などに出てくる場合でも、「語」というのと「言」というのとはちょっとニュアンスが違うように思います。教訓的ということでは必ずしもありませんけれども。その一例として、唐の王維という詩人の「鹿柴《ろくさい》」という詩を見てみましょう。彼は金持ちの詩人で、長安の都の山のすそ野に有名な別荘を持っていまして、そこに鹿の囲いがしてある。その鹿囲いのことを鹿柴というんですけれども、別荘のことを友だちと唱和した詩がたくさん残っています。

空山不見人　但聞人語響　返景入深林　復照青苔上

これはご存じだと思いますが、こういう五言四句の詩を「五言絶句」といっています。中国で一番短い漢詩です。五字絶句といわずに五言絶句というのは、漢字は一字ずつ意味がありますので、五字＝五つの言葉なんです。「空」っぽ・「山」・打ち消しの「不」・「見」る・「人」と、五字全部意味がありますので、五字はすなわち五言なんです。それで五言絶句というわけです。中国の詩、漢詩は読むコツがありまして、それを知ってると漢詩はすらすらと読める……ということはないんですが（笑）、そのコツを申し上げます。

五言詩というのは、必ず最初は二字で切れる。ここ（空山・但聞・返景・復照）で切れるんです。後の三が、「不見・人」「人語・響」「入・深林」「青苔・上」となりますね。必ず二と一か、一と二に分かれます。

空山―不見……人　但聞―人語……響　返景―入……深林　復照―青苔……上

これはあらゆる漢詩がそう作られているんです。なんで高等学校でこういうことを教えてくれないのか。昔、ぼくが中学で漢文を習ったときに、それを教えてくれていたら、漢詩なんてその構造が簡単にわかったはずです。その上でわからない言葉を辞書で引いたらいい。

「空山・人を見ず、ただ聞く・人語の響くを、返景・深林に入り、また照らす・青苔《せいたい》の上」。意味は大変簡単であって、空っぽの山で人の姿が見えない。だれもいないように思うけれども、ただこの「聞く」は自分から聞くのではなくて、向こうからふっと聞こえてくる。テレビの視聴率の「聴」という字は、自分の方から聴くときに使います。これは漢詩、漢文では非常にはっきり使い分けています。聞《ぶん》というときは向こうから聞こえてくる。何が聞こえてくるかというと、「人語」の響いてくるのが聞こえてくる。この場合、「人語」は普通の訳では「人の言葉」と書いてありますす。それではあかんのです。そうではなくて、これは対話なんです。複数の人がいるということが背景にあります。人と人が何かしゃべっている、意味はよくわからない。響きとしてだけしか聞こえないけれども、この場合の「人語」は、徂徠のいうような教訓的なことはまったくありませんけれども、少なくとも対話の言葉である。一人が勝手に何か叫んでいるのではないということは明らかです。そして「景」は光ですが、夕日の照り返しを「返景」といいます。それが深い林の奥まで射しこんでくる。そしてまた照らす。昼間は林の中へ陽が射しこまなかった。上から陽が照っているときは、葉が繁って見えなかったけれども、下から斜めに照り返してくると、木々の間から光が山の斜面に生えている青い苔の上を照らした。それだけのことなんですけれども、王維は自然詩人と呼ばれていますが、大変よく風景を選んで、言葉を選んで作っている。

中国語の四声と韻

五言絶句の「絶句」というのは偶数句の最後で韻をふむわけです。王維の詩の第二句「響」と第四句「上」で、韻（ang）を合わせるんです。「押韻」といっています。中国では詩は韻をふむことが不可欠の条件になっている。

中国語をご存じの方がいらっしゃるかと思いますけれども、中国語には上がったり下がったりする調子があります。

媽・麻・馬・罵

四声《しせい》といっていますが、「媽」が第一声、「麻」が第二声、「馬」が第三声、「罵」が第四声と、おなじ「ｍａ」だけれども、異なっている。**第一声**はmāとまっすぐなんです。媽、これは女の馬ではなくて、お母さんのことをｍａｍａというmāです。**第二声**はmá、日本語でいうと、「エェッ」とびっくりするような調子です。それに対して**第三声**は馬という字ですが、mǎという、これはなかなか難しい。いっぺん下がって、また上がるんです。日本語で「ヘエーエ」と感心する時の調子です。例えば中国語のあいさつ、ご存じだと思いますか、你好（nǐ-hǎo）といいますが、この二字ともが第三声でnǐ-hǎoとなります。朝会ったときに、ｎ・ｉ・ｈａｏとゆっくりいうと、相手の人はあいさつが終るまでに向こうへ行ってしまいますので、短くní-hǎoといいますけれども、ゆっくり発音したら、nǐ-hǎoという音なんです。次に**第四声**（罵）はmà、これは罵《ののし》るのではなくて、しかるという中国語ですけれども、「マアこの子は」というときの「マア」màです。

この四つが組み合わさっている。とにかくどんな漢字でも、第何声か決まってるんです。例えばあそこの本に『二十世紀放送史』と書いてあります。あれを中国語で発音すると、「二」は第四声でèr、「十」は第二声でshí、「世」は第四声で、shì と下がるんです。「紀」はjìと下がる。それから「放」はfàngと下がって、「送」もsònと下がって、「史」はshǐと第三声となります。

こういうふうにどんな漢字でも第何声か決まっているわけです。それを知ってないと、中国語はしゃべれないわけで、ややこしいんですけれども、それは日本語でも、ぼくは関西人ですから、箸（はし）で食べる、橋（はし）を渡った、というふうに（○が高、●が低アクセント）、関東とアクセントが逆になっていても、ちゃんと子供の時から覚えていますので、そうたいしてむつかしいことではないように、四声も中国人にはむつかしくありません。

さきの詩にもどって、第二句の「響」（xiǎng）を第四句の「上」（shàng）が韻をふんでいるのですが、「上」も第三声（shǎng）に読むべきではないか、という説があります。「響」の第三声と合わせるためにそう読むと「上」は「うえ」でなく「あがる」という動詞になります。「返景深林に入り、また青苔を照らして上る」。坂をじりじり光が上っていくという、そういう風景になる。そうするとイメージとしてかなり違ってくる、そういうものです。だから詩の場合は、韻というのが非常に重要な役目を果たして、詩句の意味さえ変わってくる。

そこでこれは『論語』とまったく関係のない話で申しわけないんですが、この韻に関係して、中国では韻というのがいかに大切に扱われるかという話をいたします。中国語で読むときに、音の響きというのが、これは『論語』の時代からすでにそうだと思うんですけれども、『論語』の中には非常に調子のいい言葉がいっぱい出てきます。中国語で読まないとわからないような面があるわけですけれども……。

最近流行りのSARS《サーズ》ですが、これを中国語で何というか。ご存じの方もいらっしゃるでしょうが、日本の新聞にも時々出はじめています。「非典」（fēi diǎn）です。これはどういう意味かというと、典型にあらざる肺炎。日本語は「新型」という全然新しくない言葉を使っていますが、中国人はやはりこういう時でも「非典」という、そういう新語を作るんです。しかもぼくはちょっとあやしんでいるんですが、「肺」という字はじつは fèi という音なんです。それに引っかけているのと違うかと。そういう言葉のことについては、中国人は大変神経質というのか、面白いというのか……。

それでこれは『朝日』の記事でお読みになった方がいらっしゃると思いますが、二〇〇三年五月三十日の『朝日新聞』です。関東は日が違うかもしれませんけれども。日本にいる中国人で、大学の先生をやっている人だと思うんですが、北京出身なので、日本から北京へ帰れない。家族や友人は全部北京にいて心配で仕方がないので、メールやら電話で様子を聞いている。そうすると中国人というのは、こんなひどい目にあっても、ユーモアたっぷりで対応しているという、そういう記事が載っていまして、サーズのことを歌った漢詩があるそうで、それを紹介しているんです。

跟着学
跟老毛学会喊口号
跟老鄧学会数鈔票
跟老江学会炒股票

跟小胡学会戴口罩

先ほどお話ししたように、中国語というのは、現代中国語でも漢文、漢詩でも全部いっしょで、二字の言葉と一字の言葉でできています。三字の言葉はないんです。三字は必ず分解してしまう。ですから漢詩でも、さっきの五言詩が二・一・二とか、二・二・一に分かれるのは、そのためです。この場合も、題の「跟着学」というのは「跟着・学」と切れて、何々に「ついて学ぶ」ということです。だれだれから教わった。それで詩の方は、一・二・二・一・二、一・二・二・一・二と、全部同じリズムになっているんです。

最初の「老毛」というのは、「老」と敬意をこめた呼称です。「毛先生（＝毛沢東）からは『口号』（スローガン）を『喊』（どなる）ことを教わった」。文革の時にスローガンばかり叫んでいた、と。次は、「鄧小平先生からは『鈔票』（札束、お金です）を数えることを教わった」。改革開放ですね。次、「江沢民先生からは、『股票』（株券）の売り買いのことを教わった」。「股票」というのは株券のことですが、株を「炒」すること、「炒」は炒飯《チャーハン》の「炒」《チャオ》ですけれども、この字は飯を炒めるのではなくて、取り引きすることをｃｈａｏというらしいんです、これはもともと上海語らしい。最後が面白いのですが、老《ラオ》毛、老《ラオ》鄧、老《ラオ》江と三人に対しては敬意をはらっていて、最後の胡錦涛、現在の主席です。これは突然、「小（xiǎo）」、ちびになるんです。「チビの胡錦涛からは『口罩（kǒuzhào）』（マスク）のかけ方を教わった」。「戴《いただ》」くというのはかけることです。帽子を被るのも「戴」です。

ぼくがこれを読んで面白いなと思ったのは、こういうものでも全部韻をふんでいるんです。ào、ào、ào で終わっています。そしてリズムも、これは全部いっしょですが、最初の三字の後は五言詩と同じリズムなんです、二・一・二という。だからこれは声を出して読むと、詩になってしまうんです。それと最後の xiǎo、小さいというのが、すごく響いている。しょうもない胡錦涛、という意味が裏にこめられているわけです。ちっぽけな胡錦涛と。

天安門事件の時には、中国でも漢詩集が二冊出るというように、時の政府なり共産党を批判した、漢詩とか現代詩がいっぱい作られています。その作り方がいつもこういう皮肉をこめたような、裏にちょっと意味を絡ませたような、そういうのが多いんです。だから漢詩・漢文を読むときに、そういうことに注意して読まないと、あまり生真面目に読んでいると肩透かしを食らうことがあります。

平仄を合わせる

平仄《ひょうそく》というのは、基本的に言えば、現代中国語の上がり下がりの調子を知っていれば、これは「平」、これは「仄」とわかる。中国語で、例えば「春夏秋冬」の四文字について言いますと、春 chūn はまっすぐで平です。夏 xià は下がって仄。平はなだらかな、平らな音なんです。それに対して、仄というのは傾くという意味があって、ちょっと変化、抵抗感がある。だから中国語を知っていれば、どれが平で、どれが仄かいっぺんにわかるんです。

例えば杜甫の「春望」です。

春望

国●破●山○河○在●
城○春○草●木●深○

（○＝平　●＝仄）

有名な詩ですが、この平仄は、「国破」は仄仄、隣の「城春」は平平、「山河」平平、「草木」仄仄、「在」仄、「深」平。左右が完全な対称形になっているんです。なにげなく作っているようで、じつはこういう言葉の配置をしないと、漢詩というのは作れないのですね。徒《あだ》や疎《おろそ》かには漢詩は作らないという決心をしないと、大変な目に会うんですが、夏目漱石などは中国語を知らないのに、例えば「国」は仄、「破」は仄、「春」は平、「冬」も平と、子供のころから覚えている。漱石と正岡子規は東大で同期で、年もいっしょなんですが、子規が十一歳の時に作った漢詩が残っていて、作り方の経緯がわかります。平仄のついた語を集めた漢詩のアンチョコみたいなのがあるんですね。「不如帰を聞く」という詩を作る場合は、この言葉とこの言葉を使えという用語集がありまして、平仄がちゃんと書いてあるんです。中国語を知らなくても、例えば「不如帰」というのは仄平平だと。それを覚えてしまうんです。子供の記憶力はすごいですからね。漱石でも数えで十七ぐらいの時に一年間、漢詩の学校に通っています。そこで毎日、漢詩を作って、出さされて、直してもらってという、そういう訓練を受けていますので、覚えたんだと思います。

現代中国語を知っていれば、第一声と第二声が平で、第三声と第四声が仄だと、平仄は言い当てることができるといいましたけれども、じつは例外が一つありまして、「国」という字は、現代中国語は guóという発音です。第二声ですから平なんです。なだらかな音で guó。ところがこれはじつは、杜甫、李白の時代は仄だったんです。それはなぜかというと、杜甫、李白の時代は、最後に k の音がくっついていた。だから guok というふうに発音していた。それ（k）が明の時代に落ちるんです。で、現代中国語の標準語では guóになってしまって、しかも第二声ですから平になっています。ところが詰まった音はなだらかでないですから、昔、杜甫の時代は仄だったんです。

かつて語尾についていて今は落ちた子音は k と p と t なんですが、その落ちた音がどこに残っているかというと、日本語の漢字音の中に残っているんです。日本語は koku でしょう。ku が残っているんです。それと朝鮮語とベトナム語にも残っている。ベトナムというのも漢字文化圏だから、ベトナム語の非常に大きな部分は漢語なんです、もともと中国から来た漢語でしょう。

ぼくはベトナム語は知りませんけれども、例えば、ベトナム語で「アメリカ帝国主義」というのは、「帝国主義」が上へきて「アメリカ」が下にくるらしいんですけれども、「di quok mi」（帝国美）というんです。中国語で「měiguó」（美国）というのが「アメリカ」のことですけれども。di quok と k がベトナム語の中には残っている。この類は現代中国語ではなだらかな音でも、漢詩に印をつけるときは、仄にしないといけない。杜甫、李白の時代は仄音だったということになります。日本、ベトナムと、中国では広東、上海、ああいう周辺地域に、p・t・k の音が残っています。文化の中心からいって周辺地域に古い言葉や音が残るんです。日本でも例えば徳島県では、観音《かんのん》というのを、「くぁんのん」といまでもいうんです。昔の音が残っている。

経済学者の河上肇さんは、すぐれた漢詩をたくさん残したけれども、中国語は全然しゃべれないし、わからないから、時々まちがっている。けれども河上さんは記憶はしてないだろうけれど、いちいち丹念に辞書を引いたんです。漢字の辞書を引くと、子供向けの漢和辞典はだめなんですけれども、これ（『新字源』）はいま二千三百円ぐらいします。だから二千円以上出せば、だいたい平仄が書いてあるんです。安い本は書いてない。

韻目

各漢字の下に四角いマスが書いてありまして、マスのまん中に字が書いてある。これを韻の目印、韻目《いんもく》というんです。韻というのは、お寺の鐘をゴーンと鳴らしますと、後に残る響きです。余韻といいます。お寺の鐘だったらgo〜n だけれども、仏壇の鐘だと chi〜n となりますね。そうすると chi〜n の i〜n は韻なんです。漢字をこういうふうにローマ字で書くと、あとの母音プラス子音、母音だけの場合もあるんですが、それを韻というんです。それで五万の漢字を韻で分けます。これは o〜n の韻、i〜n の韻、〜a の韻、

～eの韻というふうに分けると、全部で一〇六種類に分かれます。だから漢字五万を全部ここへぱっと撒いて、同じ韻ごとに同じ袋に入れていくと、一〇六の袋ができる。

詩を作るときに韻を合わせるというのは、その同じ一つの袋から漢字を出して、そこから出てくる漢字だけ使うんです。でもその袋の中にどんな漢字があるかということを暗記してれば、漢詩は作ることができます。韻をふむというのは、そういう作業ですね。

『平仄字典』というのがありまして、ある字を引くと、それが平か仄か、ちゃんと書いてあるんです。それで調べて、この字は使いたいけどあかんわと、そういうことで漢詩を作る。

「論語」をどう発音するか

「論」と「侖」と「理」をもう一度発音してみていただけますか。

「論」は「lùn」と言います。lùn です。lはヨーロッパ語のlと同じですから、舌の先を上の歯の後ろへもっていって、皆さんは外国語をやっておられるから、皆さんには釈迦に説法だけれど、日本語にはnとngの区別がない。ヨーロッパ語にはあって、中国語にもこれがあるんです。中国語で-nの場合は、日本語で「ん」になるんです。-ngの場合は日本語で「ん」で終わらないんです。その点は法則的にはっきりしているんですけれども、日本人はyanとyangというのを耳で聞いて区別できないんですね。皆さんはできると思いますけれども。それでぼくは長いこと中国語の教師をやっていましたが、教えるときに、この区別ができないようなら中国人に笑われるというのか、笑いはせんけれども、変な中国語になると教えてました。それで簡便な区別の仕方は、-n で終わるときは、yan と口を閉じる。そして-ng のときは、口を開放して yang、開けっ放しにする。そうするとだいたい相手はわかってくれる。けれどもいっぺんずつ口を閉じていたら死んでしまう（笑）、そういう発音が続いたときに。だから慣れてきたら口を開けてでも、閉じたのと同じ発音ができるようにならないとあかん。そういう無理な注文をするわけです。だから「論」も lùn と閉じるんです。ところが「論語」というときに限って、lúnyǔ というんです。「論理」というときは lùnlǐ で、lùn と lún と二つの読み方があります。

　ところがそれは、まちがってそんなあほなことを言いだしたやつがおるんだ、『論語』の論もべつに上に上がらなくても、下に下がって lùnyǔ でよろしいという説もあるんですけれど、でもぼくらが大学で習ったときは、『論語』のときだけ lúnyǔ というんだぞ、そう言わないと中国人に笑われるぞと教えられたんです。

　そして「侖」は lún です。これも n で終わる lún。

　それから「理」は、lǐ です。屈折する lǐ。

　それで日本語との関係でいうと、さっきもちょっと言いましたけれど、中国音で「n」で終わるときは、日本音は必ず「ン」で終わります。だから論語の論は「ン」で終わるでしょう。倫理の倫も「ン」で終わるでしょう。そういうふうに「ン」で終わるのは、中国語をローマ字化すると「n」で終わります。「ng」で終わるものは「ン」では終わらないです。だから（yang）と発音する陽は「ヨウ」でしょう。「ウ」で終わっている。「ン」で終わらないんです。この点では日本漢字音との関係は非常にはっきりしています。

『論語』はいつ日本にやって来たか

『論語』というものが日本に入ってきたのは、ぼくの子供のころの知識では、王仁《わに》という人が朝鮮から来て、『論語』を日本に伝えたという伝説みたいなものを教えられました。昔、ぼくらは「皇紀」二千六百年で育った身だから、「いちにいちに（一二一二）」と言うて「皇紀」一二一二年にやってきたと。西暦だと六百六十年引かなくてはならないから、六世紀ごろには、物としてはもう日本に来ていた。遣唐使は当然持って帰っていると思うんですけれどもね。奈良時代の大学では五経博士というのがいたわけですが、『四書』の方がどの段階からどういうふうに読まれ出したかですね。

『論語』はいつできたのかというのは、一説は孔子の息子の時代、もう一説は孔子の孫の時代ということになっているんです。孔子の息子ないしは弟子が編纂したというのが一説で、弟子の弟子たちが編纂したというのが一説で、あとの方がどうも有力みたいです。孔子が死んだのが紀元前六世紀ですから、紀元前五世紀のころに編集されたのだろうと思われます。日本へ来たのは、来ただけではだれも読まないから、本気になって読みだしたのはいつごろかというのをちょっと調べてみます。

聖徳太子の「十七条の憲法」には儒家・法家の典籍から借用された語句が目につきます。第一条の「以和為貴」は『論語』の「礼之用、和為貴」からきているといわれます。「憲法」全体の底流には仏教があるわけですが……。

聖徳太子が「十七条の憲法」を漢文で書くでしょう。あの漢文については、あまり綿密にいままで調べられてなかったんです。ところが非常に綿密に調べた若い学者が出てきて、あのうちのある部分を書いたのは、じつは朝鮮人だと。証拠をあげて論証しているんです。それで聖徳太子がちゃんとした漢文が書けた最初の人だと、いままではなっていたけれども、果たしてそうなのかという疑問が出てきているわけです。漢字そのものが日本に渡ってきたのは、たぶんキリストが生まれたころにはすでに入ってきているだろう。けれどもそれを言語表現の手段として日本人が認識したのはもっと後で、中国の後漢は紀元一世紀、二世紀だけれど、その歴史を書いた『後漢書』の中で、日本から使節団が行って、向こうの天子が詔勅とハンコを渡したという記録があるんです。日本側はまだ文字がないから記録がない。中国側にそういう記録がある。そのハンコというのが、福岡県から出てきた例の金印というやつだといわれています。あれはほぼ確実だろうといわれているけれども、その時、詔勅を渡している。ということは、それを持って日本へ帰ってきて、日本の支配者はそれに対して返答をしなければならない。返答するためには漢文で書かざるをえないでしょう。そのころ、まだたぶん日本人で漢文の書ける人はいなかったと思いますね。だから日本人とつきあいが深まって、日本語ができるようになっている中国人か、あるいは日本にいわゆる「帰化」していた朝鮮人、その人たちが代書したのではないかと推測される。その時代はかなり長いこと続く。

それと白村江の戦いで、どっと百済の人が亡命していますね。あの天智朝あたりから、言ってみれば百済人の百済語というか、百済文化というか、それが宮廷の流行になって、その影響がすごく大きいのではないか。だから『日本書紀』の文章を分析した結果をちらっと見たことがあるんですけれども、本当に長安のあたりのちゃんとした漢音で書けている部分と、そうでない部分と、いろいろ混ざっているというんですね。だから呉音の力というのはそうとう幅広く世の中に広がっていたのではないかと思います。

さっき聖徳太子の文章について書いた若い人というのは、韓国語のできる人なんです。だからやっぱりそういう交流史を調べるときは、漢文が読めて、韓国語発音ができて、日本の古代言語について知っている人でないと、この三つを知ってないとあかんですね。

2 〈神〉と〈女〉

『論語』の中の〈神〉

1 子不語怪力乱神。（述而篇、一三九頁）

2 季路問事鬼神。子曰、未能事人、焉能事鬼。曰、敢問死。曰、未知生、焉知死。（先進篇、二〇八頁）

3 樊遅問知。子曰、務民之義、敬鬼神而遠之、可謂知矣。問仁。子曰、仁者先難而後獲、可謂仁矣。（雍也篇、一一八頁）

4 子曰、知者楽水。仁者楽山。知者動、仁者静。知者楽、仁者寿。（雍也篇、一一九頁）

5 子曰、非其鬼而祭之、諂也。見義不為、無勇也。（為政篇、四九頁）

『論語』の中の〈女〉

1 子曰、吾未見好徳如好色者也。（子罕篇、一七七頁）

2 宰予昼寝。子曰、朽木不可雕也。糞土之牆、不可杇也。於予与何誅。（公冶長篇、九〇頁）

3 斉人帰女楽、季桓子受之、三日不朝。孔子行。（微子篇、三六五頁）

4 子曰、唯女子与小人、為難養也。近之則不孫、遠之則怨。（陽貨篇、三六二頁）

今日は『論語』の中の「神」と「女」、そういうテーマでお話をしたいと思います。「神」と「女」と何の関係があるのかと言われそうですが、女房のことを「山の神」というごとく、何か関係があるので、孔子は両方とも恐れていたんです（笑）。それは追々お話をします。

日本の「神」との違い

『論語』の中の「神」というのが最初のテーマですけれども、「神」の概念が、ぼくら日本人が普通いってる「神」とはちょっとずれるという気がします。「神霊」という言葉、あるいは「霊魂」といってしまってもいいんですが、そういうものとして中国では「神」という文字が使われていたように思うんです。この前、お話しした「子《し》」（＝孔子）が「怪力乱神を語らず」という、その言葉の最後に「神」というのが出てきます。

子不語怪力乱神。　（述而篇、一三九頁）

■子、怪力乱神を語らず。

これについては若干お話ししたのですが、「怪力乱神を語らず」というのは、「怪力」と「乱神」ではなくて、「怪」「力」「乱」「神」という四つの概念について並べてある。「怪」というのは「もののけ」の世界、「力」というのは超能力のような普通ではない力です。それから「乱」というのも、乱れるという概念ですけれども、要するにカオスの世界というか、秩序のない、コスモスに対するカオスの世界のようなもの、天地が生まれた最初の状態のような、そういうカオスの状態です。それから「神」というのが、神霊、あるいは人間でいえば霊魂の世界。

この前お話ししたように、それら四つのことについて、孔子は口にしなかったというのが普通の解釈だけれども、ところが『論語』そのものを読んでみると、けっこう「神」のことについて語っている部分があるので、一般的に語らなかったというのではないのではないかという荻生徂徠の説についてです。若い学生を前にして、そういう話はしなかったのではないかというのが徂徠の説です。ですから徂徠は、「語」というのは一般的な対話の言葉ではなくて、その中に人を教え導くような教訓的な意味を含んだ場合に、『論語』の中で「語」という言葉が使われているのではないかという、当時としては大変新しい説を唱えた。そう言われて『論語』を読んでみると、かなりの部分が確かにそういう教訓的言辞という意味を含んでいる場合がある。すべてがそうではありませんけれども。

そういう話をしたんですが、「怪」「力」「乱」「神」に共通してるものは何かというと、それは非現実性というか、あるいは架空、フィクションの世界で、孔子は無神論者だったのではないかというように思われていますけれども、そうではないと思います。孔子は神霊の世界を信じてなかったわけではないだろう。ただそれを尊重しようとはしなかった。だから神頼みということとは無縁な人間であったとは言えると思います。神霊の世界、そんなものはありえないと考えていたのではなかろうと考えます。

「神」という字の成り立ち

「神」という字の作られ方を見ますと、右側の「申」は漢字の発音を表わすわけです。ただ、音だけを表す場合と、意味を兼ねる場合があるんです。例えば「鰈（かれい）」、魚ヘンですね。音を表わす方が「葉」。「牒」の左側は板という意味ですけれども、「喋」、これは口でしょう。こっち（左）は意符なんです。そして音を表しているのが、右側の「よう」とか「ちょう」。いまは音が違いますけれども、昔はいっしょだったんです。こっちが音符です。音だけでなくて、この場合は「薄っぺらい」という意味も含むようです。だから魚で薄っぺらい魚はカレイでしょう。それから葉っぱ、これも薄っぺらい。そして虫の場合は蝶々の羽。それから牒は薄っぺらい板なんです。喋は「しゃべる」でしょう、ペラペラペラペラと喋る（笑）。

それから例えば「浅」「銭」「餞」、これらの音は「せん」です。浅い、銭《ぜに》、それから餞別の「餞」でしょう。音は全部「せん」なんです。「戔」が「せん」の音を表しているんですけれども、これには小さいという意味がある。水の深さが小さい、浅い。それから銭、コインです、小さい金です。紙（もとは布）の大きな方は貨幣の「幣」で、「銭」は小さい金です。それから食べるので小さいというのは、これは餞別の「餞」ですけれども、昔は人を送り出すときに小さな宴会をやったんです。「餞」、小さな宴会という意味です。

また「洞」「桐」「筒」「胴」「銅」、これらは「とう」とか「どう」という音でしょう。同時に中が空っぽという意味がある。「筒」がそうでしょう。「洞」は洞穴ですね、洞窟。それから「胴」というのは、剣道の胴は中が空っぽでしょう。中に胃袋は入っているけれども、外側の胴というのは、もともと空っぽのもの。カネヘンの「銅」は青銅器の「銅」です。それで作った鍋とか釜は、中が空っぽになっている。空っぽという、そういう意味を表しているというんです。ですから音符の場合、まったく意味のない音だけの場合と、意味のある場合とがある。

「神」の場合は、これは古い書体を見ると、示《しめす》ヘンは、いまは礻と書きますけれども、昔は示と書いたんです。これは神様の前に捧げ物の棚を置いて、物を捧げる。だから、例えば「祈」「祀」「祝」「祷」、この類いの字は全部シメスヘンで、これが意符です。神事に関係がある。「神」は、右の「申」が「しん」という音を表す。そしてこれは「電」と関係がある。「申」が絵文字から来ているという人は、これは雷が光を発している絵だというんですが、ぼくはあまり信じてない。これは本来音を示している。しかし「雷」のタテ棒をちょっと曲げただけで、「電」となる。昔の人は、要するに雷、「稲光」というのは神さまだと思っていた。

例えば「稲妻」というのは、雷の光でしょう。この「妻」というのは、奥さんでなくて夫。『万葉集』などで「つま」というのは夫のことでもあります。稲光のことを稲妻といいますね。稲光がピカピカッと光って、そして稲の中にシュッと入るとお米ができるという、こういう発想からきてるというんです。だから稲妻は、神様です。それで神という字は、こうなっているということじつけですね。

「電」はいまの中国の略字では、「电」となっている。雨が降らなくても電気は起こるというわけです。

物語はあるが神話として整理されない

ところでこの前お話ししたことと重複するんですが、孔子が教壇から若者に語りかけるときには、架空の世界のことについては語ろうとしなかった。そこに一種の人間中心主義というか、そういうものが現れているという話をしたんですが、じつは儒教の影響が非常に大きくなるにつれて、中国の思想界全体にその影響が及ぶようになって、架空の世界を尊重しないという発想が、中国の思想界あるいは文学などにも影響を強く与えて来るように思います。

その結果の一つとしては、中国では神話というものがちゃんと整理されてない。歴史は大変長くて、地域も広いわけですから、神話はものすごくたくさんあっただろうと思われるんです。現にそういう話が残っていることは残っているんですが、これがギリシャ神話のような形で、きちっと整理、あるいは残すという意識が非常に弱かったのではないか。一種のもののけの世界みたいなものとしての「物語」はいっぱいあります。怪奇物語みたいな、足が三本の鳥がおったとか、そういう類いの話はいっぱい伝わっているわけですけれども、それがいわゆる神話というものの形で整理されていくということはあまりなかったように思われます。

中国では大変便利なことに、二千年前から中国にあった本がちゃんと整理されて、分類されています。したがって神話というのは、その分類目録を見れば、どういう形で扱われているかということがいっぺんにわかるわけです。非常に古くから中国では世の中の書物は四つに分類されています。「四部分類」といっていますが、四つの部分に分類する。したがって中国の書物、ぼくらは普通「漢籍」といっていますけれども、「漢籍」は四つの大きな倉庫に分類して収められている。それが後に印刷されて、「四庫全書」となった。普通の図書館へ行くと、本は十進分類法で分類してありますね。ところが中国の本、漢籍に関しては、東京大学の図書館へ行っても、京都大学の図書館へ行ってもそうなんですけれども、「四部分類」という形で分類がしてあります。それをまた印刷して「四部叢刊」という大きな叢書もあります。

「四部」というのは何と何かと言いますと、「経」「史」「子」「集」といいまして、「経」というのは儒教のテキストです。ですから『論語』などがここへ入ります。その他、例えば四書五経の類、『書経』とか『詩経』、それからそれについての注釈書、例えば朱子が『論語』に注をした本とか、そういう類の本、儒教系統の本を全部ここに集める。これが全体の四分の一ですからものすごい量です。ところがそれ以外の思想、儒教以外の思想、老荘思想とか、あるいは書物でいえば『韓非子』とか『墨子』とか、いろんな思想家がいますね。そういう人たちの本は「経書」にはならないんです。そうではなくて「子部」に入れられます。「史」は歴史で、司馬遷の『史記』とか『漢書』とか、歴代に一つずつ歴史の本が書かれていますけれども、あるいは通史としては宋の司馬光の『資治通鑑《しちつがん》』とか、そういうものは全部「史」に入ります。最後の「集」というのは文学です。したがって、李白とか杜甫の詩、『文選《もんぜん》』とか、そういうアンソロジーの類、それから『水滸伝』とか『三国志』とかの物語、そういうものがここへ入ってきます。

この「四部分類」というのは大変合理的というか、例えば二十世紀になって、中国も共和制の新しい中華民国ができて、どんどん新しい現代中国の本が書かれます。それはあらゆる分野の本、自然科学からスポーツから絵画から何から、いろんな本が書かれるわけですが、全部うまいことここへ収めることができるんです。例えば歴史の本だったら史部へ入るし、芸術の本だったら子の部分、芸術部というのが昔からちゃんとあるわけです。マンガなら絵画ですから絵画の部に入りますし、自然科学も儒教以外の思想なんだということで、昔から中国にも自然科学関係の学問はあったわけですから、ちゃんと子部に入るようになっているんです。

その「四部分類」の中で神話はどうなっているかといいますと、「子部」の中の「小説家類」というところに入れられてしまっているんです。要するにそれはフィクションだと。しかもこれも前回申し上げたように、「小説」という言葉自体が「しょうもない（つまらぬ）説」という意味なんです。ですからいまの小説家にいうと怒りますけれども、小説というのは、要するにしょうもない説であると。それで例えば老荘思想の『荘子』という本がありますが、いくつかの篇にわかれているわけですが、その中の外物《がいぶつ》篇というところに、

飾小説干県令。〔小説を飾りて県令をもとむ。〕

とあります。「干」という字は「もとめる」と読みます。しょうもない説を飾りたてて、述べたてることによって、県知事に取り立ててもらおうという運動をしたやつがいると、そういうことです。こういう形で「小説」という言葉が大変古い文献に出てくるんです。

それと、さきほど言いましたし、図書分類の最初の文献は前にも申しましたが、『漢書』という、漢の時代、前漢だけですが、前漢の時代の歴史を書いた『漢書』という本がありまして、その中

に「芸文志」という部分があります。宮廷に所蔵されている図書、宮廷図書分類解説目録と日本語で訳したらいいと思いますが、宮廷にある図書を分類・整理して、一冊ずつについて解説を加えている。その中で『論語』はどう扱われているかという話はしましたけれども、その中の小説類というところの説明を見ますと、その分類の一番最初のところに、ここにはこういう本を集めたという短い説明があります。

小説類の最初の説明を見ますと、こう書いてあります。

街談巷語、道聴塗説者、所造也。〔街談巷語、道聴塗説する者の造る所なり。〕

この「塗」という字は「途」と同じで、道端ということです。街頭でしゃべっている、巷で語っている、それから道端で聴かせている、道端で話してる。要するにフーテンの寅さんがしゃべっているような、そういうのが小説だといっています。「塗説する者の造る所」。そういう連中が作り上げたのが小説であると。小説の地位は、いわばインテリの中では大変低かったということを表しています。したがって、その低いものの分類の中に神話が入れられてしまっている。おのずから神話というものが尊重されなかったということを歴史的に表しています。

それからもう一つ、これも前回申し上げましたが、中国では長編小説が生まれるのが大変遅れた。十四世紀の明の時代になって、やっと『水滸伝』とか『三国志』とか『西遊記』という、あいう長編小説、小説のスタイルをとったものがはじめて生まれた。それまでは怪奇物語みたいな短篇はたくさんありましたけれども、本式の小説が現れるのは、日本の『源氏物語』に比べて約三百年遅れている。そういう形で儒教のフィクションを語らずという影響が出ている。

中国におけるフィクションの位置づけ

「怪力乱神を語らず」というのは、孔子が諸子百家の一人であった時は、それはそれでよかったんですけれども、儒教というものが国家権力と結びつくと、その一つ一つの説が金科玉条みたいになっていって、それで中国文学の歴史に非常に大きな影響を与えたのと違うかと思うんです。というのは、「怪力乱神」というのを別の言葉でいえば、絵空事ないしはフィクションです。ある意味ではフィクションの世界、生々しい人間の世界ではなくて、フィクションの世界については、若者たちにはそういうことは語らないという、徂徠に従えばそういうことですけれど。

そのために中国文学における虚構（フィクション）の問題と関係してきて、先ほど言いましたように、中国で『水滸伝』とか『三国志』が生まれるのは、日本の『源氏物語』が生まれるよりも三百年も後なんです。本当のフィクションとしての長編小説が生まれるのは、三百年も遅れるんです。中国の文学の出発は日本に比べて千五百年早い。千五百年経って日本にやっと『万葉』とか『源氏』が出てくるでしょう。にもかかわらず、中国では大フィクションというか、大きな小説の出現はずっと遅れます。そもそも「小説」という言葉自体が、しょうもない説という意味ですからね。「大説」ではない。フィクションははじめから軽蔑されているんです。

そして例えば『水滸』とか『三国』というのは、フィクションというけれども、あれは全部歴史物語なんです。『三国志』という歴史の本があって、『三国志演義』という小説が生まれるでしょう。それから『水滸伝』の方も、もともと宋代から語り伝えられてきた泥棒物語、反権力物語です。それは口頭でしゃべられていたのが、やがて文字に定着するわけですけれども、その登場人物のかなりの部分は、『三国志』と同じで、実在の人物なんです。だから虚構として作り上げた人物はわりに少ないです。そういうフィクションの文学さえも事実にもとづかざるをえないという、そういうことがある。

それに対する反論が「孫悟空」です。「孫悟空」はフィクションではないかと。空を飛びますからね。ああいう荒唐無稽な話がなぜ中国にあるのか。一つの説は、あれは中国原産ではない、インドの説話にもとづいているというのです。そして空想物語だけれども、しかしもともとは三蔵法師のインドへの取経の物語が基礎になっているわけです。だからやはり出発が事実でないと、どうしても虚構は生まれにくいような、そういう文学的風土があったと言えるだろうと思います。

中国のそういう長編小説、『三国志』、『水滸伝』、両方とも実は最初からフィクションとして作られたものでなくて、たとえば『三国志（演義）』はもともと『三国志』という歴史の本にもとづいて書かれた小説です。

『三国志』そのものは、三世紀にすでに書かれているのですが、それが千年ほどたって、明の時代になって、それをもとにしていくつかフィクションの部分を加えた長編小説になる。したがって、そこへ登場する人物は、三国の、例えば曹操《そうそう》とか、魏、呉、蜀という三国の親分たち、それから英雄たち、諸葛孔明《しょかつこうめい》とか、張飛《ちょうひ》、関羽《かんう》、あれは全部実在の人物で、架空の人物ではないんです。もともと歴史にもとづいて、実在の人物をネタにしながら書かれた小説。しかしもちろん小説ですから、フィクションの部分を含んでいて、歴史の中には出てこないようなことが、でっち上げられて、書かれているということはいくつもありますけれども、基本は歴史にもとづいている小説です。『水滸伝』はどうかというと、『水滸伝』は百八人の泥棒が出てくるわけですが、この泥棒たちの主な人たちは実在の人物である。昔から語り継がれてきたような人たち、架空の人物ももちろん混ざりますけれども。

したがって、これら二つの小説には根っこのところに歴史がある、根っこのところに事実がある。『西遊記』は違うだろうとなるんですけれども、『西遊記』も実は三蔵法師という坊さんがインドにお経を取りにいく。そういう取経物語が基礎になってできた話です。そこに孫悟空というまったく架空の空を飛ぶサルが現れる。ここのところが全然中国的でないんですが、実は孫悟空というのは、これも先ほど言いましたように、中国の発想でなくてインドから借りてきた発想ではないかという説があります。これはまだちょっと結論がしっかりした形では出てない問題でしょうけれども、そういうことがあります。

それともう一つは中国の詩、皆さんがお読みになっている、例えば李白とか杜甫とか、そういう人たちの詩は、ほとんどが抒情詩であって、叙事詩というのはほとんどない。日本の場合は、例えば『万葉』の中に長歌というのがあって、柿本人麻呂などが神話を題材にしたような長い話を物語風にうたっている。中国の場合は「国破れて山河あり」にしても、「春眠暁を覚えず」にしても、みんなある歴史的時点における人間の感情を述べたものです。しかし叙事詩がないというと、いや、長恨歌があるじゃないか、という反論が出てくると思うのですが、しかしあれは詩ではないんです。長恨詩でなく、長恨歌、歌です。歌というのはどういうことかというと、これはインテリも後に作るようになっていますけれども、もとは民謡なんです。民歌といいまして、民間で歌われていた歌です。だから民衆たちは儒教の影響をモロに受けなくて、いっぱいそういうフィクション、物語を語り継いできていたわけです。だから庶民の世界にはフィクションは生き生きとして伝えられてきたわけですが、それが文字になりにくかった。文字を知らない民衆ですから。それをインテリが取り上げて、そういう民謡風の物語を作っていく。その一つが長恨歌です。だからああいう長い歌は、だいたい○○歌というように、歌という字が後ろについていまして、詩ではないんです。いわゆるオーソドックスな詩ではない、そういうことになるかと思います。

以上、「神」という、フィクションの世界、それが軽視され、重視されなかったということとの具体的な現れ方の一端を申し上げました。

人生がわからないのに死が語れるものか

次にプリントに戻って2の文章です。これは先進篇に出てきます。

季路問《フ》レ事《エンコトヲ》二鬼神《ニ》一。子曰《ク》、未《ダ》能《ワズ》レ事《ウルコト》レ人《ニ》、焉《ンゾ》能《ク》事《エン》レ鬼《ニ》。曰《ク》、敢《エテ》問《フ》レ死《ヲ》。曰《ク》、未《ダ》知《ラズ》レ生《ヲ》、焉《ンゾ》知《ラン》レ死《ヲ》。

（先進篇、二〇八頁）

■季路《きろ》、鬼神に事《つか》えんことを問う。子曰く、未《いま》だ人に事うること能《あた》わず、焉《いずく》んぞ能く鬼《き》に事えん。曰く、敢《あ》えて死を問う。曰く、未だ生を知らず、焉んぞ死を知らん。

返り点と送り仮名を付けてみましたけれども、こういうものを付けるからみんな漢文が嫌になるんですね。

季路というのは、普通は子路という名前で出てきます。子路の方がよく知られていますが、孔子の弟子で、『論語』の中に大変よく出てくる弟子の一人です。彼はヤクザの出身だったと言われています。孔子に傾倒して弟子になって、ついて回るわけですが、時々非常に乱暴なことを言ったりするんです。でも孔子はそれをたしなめながらも、この男が好きらしくて、旅行などをするときはこの男を連れていった――用心棒かもしれませんけれども――という話が『論語』の中に出てきます。

その季路が、先生が嫌がるとわかっていることをわざと聞くんです。「鬼」と「神」がくっついてるのは、「神」のほうは一般的には神霊ですけれども、「鬼」の方は人間の亡霊です。鬼神というのは、死後の世界のことです。神霊、霊魂というものに「事《つか》」えるという字は、発音が「仕」と同じですので、この字の代わりに使われています。

代わりにということは、こちらの字（仕）がまだなかったころです。これも前回言ったかと思いますが、漢字というのは最初、四千余りしかなかった。それがだんだん増えていって、いまから二千年ほど前に一万字まで増えて、それで『説文解字』という字書ができたんです。だから、『説文解字』に収められている字は一万字ほど。そして現在は、それが五万ぐらいに増えているわけです。二千年のあいだに五倍に増えたわけですが、したがって、最初のうちは、言葉はあるけれども字がないということがいっぱいあった。そのころには発音の同じ字で代わりをさせる。後にも出てきますけれども、「女」という字を女という意味の他に、「女《なんじ》＝おまえ」という意味でも使っていたわけです。一人二役の漢字がたくさんあったんです。だから古代の文献にはいまの読み方と違うものが時々出てきます。

仕えるというのは、奉仕するというふうに普通訳していますが、ぼくは相手にすると訳した方がうまくいくのではないかと思います。要するにそういう神霊の世界、あるいは亡者、あるいは霊魂というものに対して、どういうふうに対応すればよいかということを聞いたら、先生（孔子）がいうには、わしは生きた人間を相手にどうしたらいいか、まだよくわかってないのに、死後の世界についてどう対応するか、霊魂に対してどうするかということについて答えられるはずがないだろうと、逃げたわけです。

ところが子路はあつかましいというか、しつこいというのか、先生が嫌がることをわざと追及して、次に「死」というのはどういうことですかと聞くのです。「敢問（敢エテ問ウ）」というのは、そういうことです。そうすると孔子先生曰く「未知生」、未だ生を知らず。「焉《いずく》ンゾ」は、どうしてという疑問詞で、「焉ンゾ死ヲ知ランヤ」。うまい答え方だと思います。生の世界のことさえまだ未知数なのに、死の世界のことなどわかるはずがないだろうと、こういうふうに逃げたと言えば逃げたという形で答えています。

こういうふうに、「怪力乱神を語らず」と言いながら、これは『論語』の中で語っている部分があるという証拠の一つです。しかしそういうことについては、まともに答えようとしてない。弟子に向かってまともに答えようとしてないということが、これでわかります。

漢文の中の二回読む字

また横道の話。皆さんが漢文の時間に習われたことだと思うのですが、漢文の中には時々、二回読む字が出てくるんです。これは日本語の習慣であって、もともとの中国語はいっぺん読むだけで二回くり返して読んだりしないんですが、日本語で読むときは、例えば「応《まさ》に」と読めば「……すべし」。「須《すべか》らく」と読めば「……すべし」とか、「未《いま》だ」と読めば必ず打ち消しになるとか。「将《まさ》に」という字だと、「……せんとす」という。「将に来たらんとす」というのが「将来」ということですが、「未だ来らず」は「未来」になるわけです。「未だ」と読んで、「来たらず」ともういっぺん読む。「未だ」と読んで「知らず」と打ち消して「未だ知らず」と。ですからここのあいだに返り点をつけて、二回読むということなんです。

「未亡人」ということばがありますけれども、これは「未だなくならざるの人」ということになる。これは亭主が死んだのにまだ生きていると、もともとそういう意味なんです。だから大変失礼なことで、あの人は未亡人だというと、まだ生きとるぜと、こうなるんですが、じつはこの言葉は中国ではいまから二千五百年も前に、『春秋左氏伝』という古典に出てくるんです。それはご本人が、私はまだおめおめと生きているんですと、自分のことをいうときに「未だ亡びざるの人なり」といっているわけです。それが後にその本来の意味がわからないようになってしまって、ひとに対して、あの人は未亡人だと（笑）。けしからんと思うのですが、そういうふうにして生きている言葉はいろいろあるんですね。

「知」と「仁」は対立するのか

三番目に「雍也《ようや》」という篇に「鬼神」という語が出て来ます。これは割合によく知られている一節です。

樊遅問知。子曰、務民之義、敬鬼神而遠之、可謂知矣。問仁。子曰、仁者先難而後獲、可謂仁矣。（雍也篇、一一八頁）

樊遅《はんち》知を問う。子曰く、民の義を務め、鬼神を敬してこれを遠ざく、知と謂《い》うべし。仁を問う。曰く、仁者《じんしゃ》は難《かた》きを先にして獲《う》るを後《のち》にす、仁と謂うべし。

「樊遅《はんち》知を問う」。今度は知恵、知識、本当にものを知っているというのはどういうことかというのを孔子に教えてもらう。それに対して、「子曰く、民の義に務む」。

実は『論語』の中には「民」という字がなんべんも出てくるんです。現在「人民」という言葉がありますけれども、『論語』の中では、「人」という言葉と「民」という言葉を、非常にはっきり区別して使っています。これは一種の階級的用語として使っているんです。「民」という字は、古い書体を見ると、大工さんの使うキリで人が刺されている絵だといいます。刑罰を与えられて、キリを刺された人という、そういう意味からきてるという説があるんです。確かに『論語』を読んでみると、「民」と「人」をはっきり区別した部分がいくつかあります。

ここで「民の義に務め」とあります。これは岩波文庫ではなんと訳しているかというと（一一八頁）、

樊遅が智のことをおたずねすると、先生はいわれた、人としての正しい道をはげみ……

と書いてあります。ここで「人」と訳しているのは誤訳かと思います。むしろ、階級的に身分の低い人たちを「民」といっていて、その地位の人たちが努めるべき正しい道を教えることに努めて、と言っているのではないか。

吉川先生は、

孔子がこたえた。「民の義を務めよ」、古注の王粛《おうしゅく》の説には、「民を化導する所以の道を務めよ」であり、それならば民とは人民であって、人民を感化、教導するについての道理ということになり、為政者としての智を説いたことになるが、新注では、「民も亦た人なり」とし、民の字を、ひろく人間の意味にとるから、「民《ひと》の道を務めよ」。ひろく漠然と人間の道理を大切にせよということになる。（上、一九一頁）

と書いています。「民は人なり」といっている新注というのは、朱熹《しゅき》＝朱子なんです。朱子というのは大変保守的な人ですから、そういう階級的な分析を好まなかった。だから「民」と「人」はいっしょだということをいっているわけですけれども、しかし『論語』を冷静に読んでみると、「民」と「人」はかなり階級的な違いをはっきりさせて論じているように思います。

「鬼神を敬して……」の部分は、「実生活の中ではやるべきことに努めて、そして精神世界では、鬼神は敬うことは敬う、けれども遠ざける」。今では敬遠するという便利な熟語になっていますけれども、「敬遠」という言葉はここから出てくるんです。敬うけれども、そっとしておく、さわらない。ここで神と女の共通点が出てくるように、男性としては思うわけです（笑）。

「民の義を務める」ということと「鬼神を敬いて遠ざける」という両方を行うこと。実生活ではこうして、精神生活ではこうするというのが、本当にものがわかっているということだと。

最後の「矣」、この字は前にも出てきたと思いますが、これは強調の感嘆詞、エクスクラメーションマークだと考えたらいいです。「……ですよ！」と強く言い切っているというか、それこそが知というものなんだという、そういうことです。

次に、樊遅という弟子が、そうしたら「仁」というのは何ですかと聞く。ぼくにはこの質問がよくわからない。「知」について聞いて、次に突然、「仁」について聞く。これは要するに「知」というのは知的な世界、理知の世界というか、それに対して「仁」というのは感情、情感というのか、精神、そういう世界のことだということでしょうか。それで二つは対立するというか、相反するということではないですけれども、一種の対立概念として使われている（次頁参照）。

「仁」についてきいたら、孔子曰く、「仁を身につけている人は、難を先にし、獲《う》るを後にする」。むずかしいことを先に片づけて、獲るというのは獲得の獲で、利益を得ることです。利益になることは後回しにすると。そういう意味だと言っています。だから困難に立ち向かって、わが身の利益になるようなことは後にするのが、仁者というものであると。

感情の世界で最高の道徳、「仁」というのは、ぼくももう一つよくわからないので、一度、「仁」をテーマにしてお話ししてみようかと思うんですけれども、人間のいわば無私の愛みたいなものですね。そういう私《わたくし》のない愛みたいなものをいっているように思われますけれども、非常に多面的に論じていますので、そう簡単にこうだというのはむずかしいのですが……。精神世界で最高のもの。それは困難にまず立ち向かって、己の利益というものを無視する、後回しにすることだと。

いまうっかり「無視する」と訳しましたけれども、中国人は無視するというようなことはあまり言わないんです。「後回しにする」と、こう言います。やるかもしれないということを含ませるんです。例えばこのごろ日本でも、政党がくっついた時に、だれかがいってましたけれども、「小異を捨てて大同につく」と。あれは中国語では「大同につきて小異を存す」という。小異も存在させるというのが中国語です。ですから捨てるのではなくて、残すというんです、中国語は。小さい違いはほったらかしにして、大きないっしょのところでまとまろうというのが日本的発想ですが、中国人の発想は大きなところでまとまるが、小さなところも捨ててしまわないで残しておこうと。そういうことで、大変面白い発想だと思いますね。いろんな面でそういうこと（日本人と中国人のちがい）が出てきていると思います。この場合も「獲るを捨つ」とはいわない。「獲るを後にす」といいます。

「知者は水を楽しむ」

先ほどの、「知」と「仁」という相対立する概念について、非常にはっきりした形で比喩的に述べているのが、次の「子曰く」です。

子曰、知者楽水、仁者楽山。知者動、仁者静。知者楽、仁者寿。（雍也篇、一一九頁）

子曰く、知者は水を楽しみ、仁者は山を楽しむ。知者は動き、仁者は静かなり。知者は楽しみ、仁者は寿《いのちなが》し。

「いのちながし」と読んでいますけれども、寿命が長いというのが、「寿」です。

ここで知者と仁者というものが、理性的人間と感情の豊かな人間、豊かなというか情愛の深い人間で、それを対立させていっているわけです。そして一方は水が好きだと。この水というのは、川という意味です。

ここで二つの詩句をくらべてみましょう。杜甫の「国破れて山河あり」と、こっちの方は曹《そう》松《しょう》の「沢国江山入戦図」、七言絶句で、「一將功成万骨枯（一將　功なって　万骨枯る）」というのが最後（第四句）に出てくる有名な詩です。

ここで使われている「山河」と「江山《こうざん》」という言葉ですが、中国では北中国の川は、おおむね○○河という名前がついています。黄河、桑乾河《そうかんが》、北戴河《ほくたいが》、それから淮河《わいが》というように、「河」という字がつくんですが、南方に行きますと、中国人は揚子江のことを長江《ちょうこう》といいますが、長江、富《ふ》春江《しゅんこう》、銭塘江《せんとうこう》、珠江《しゅこう》というように、南の方は「江」がつくんです。したがって、この詩を読むと、杜甫は「山河」といっているから北中国で作ったということがわかります。それに対して、「沢国」は豊かな国、その「江」と山、これは南です。南方で戦争がはじまったと詠っている。そういう区別があるんです。

それで北と南を区別せずに、中国全体の山と川のことは「山水」といいます。「自然」という言葉は、前回申し上げたように、『老子』の中にでてくる古い言葉です。ところが「自然」という言葉が中国で「ネイチャー」という言葉として使われるようになるのは、たぶん十九世紀の終わりごろからです。それまで中国では「自然」という言葉は、「ナチュラル」という意味でしか使っていないのです。「自然な」という形容語としか使えない。したがって物質としての自然、ものとしての自然というときは、この言葉は使えないものですから、その代わりに「山河」とか「江山」という言葉が使われていた。これがすなわち、「自然」です。「国破れて山河あり」というのは、国は破れた、破壊されたけれども、自然はそのまま健在である、と。

ところが、例えば中国の「自然は雄大である」というときに、「山河」というと北になるし、「江山」というのは南になりますので、これをひっくるめた言い方、中国全体の自然は「山水」という言葉を使うようになります。自然詩人のことを「山水詩人」といい、自然を描いた絵のことを「山水画」というのは、そのためです。

だからここでいってる「水」というのは、すなわち「川」のことです。山水の水は、一般的な水、例えばバケツに入っている水のことではないんです。川のことをいう。ですから水が好きだというのは、ウィスキーの水割りが好きだというような、そういう水と違うんです。そうではなくて、川が好きだという意味です。知者は川が好きだ、仁者の方は山が好きだ。したがって知者は動く、活動的である。水ですから、川ですから。それに対して動かざること山のごとしで、山を愛する仁者は微動だにしないという、そういうのが特性であって、そのために知者の方は人間世界のことを楽しんで生きるという、そういう生活態度があるのに対して、仁者の方は長生きをすると。私の苗字は一海といいますので、海が好きで、だいたい水が好き、知者ではありませんけれども、だからたぶん命は短い、そういうことになるかと思いますが……。

孔子は無神論者か?

それでまたもとへ戻りまして、「鬼神」の「鬼」ですが、漢文の場合は「おに」と読まずに、「き」と読みます。

むかしの中国では漢字の音を子供に教える方法の一つとして、直音《ちょくおん》という方法を使いました。なぜかというと、仮名もローマ字もないわけですから、例えば学校の先生が、「鬼」という字を黒板に書いて教えると、生徒がそれを紙に写して、家へ持って帰る。あくる日になったらもう忘れている。これは「鬼《き》」という音だということを忘れてしまうんです。しかし日本の子供なら、「鬼＝き」とノートに書いておけば、あくる日出てきたときに、ノートを見れば、「鬼＝き」だとわかりますが、中国人はその方法がないものですから、いろいろ苦心しまして、意味が本質的に近くて発音がいっしょである別の字、例えば、道徳の「徳」というのはむずかしい概念なので、「徳《とく》、得《とく》也」と教えるんです。本来、人間の身についているものでなくて、いろいろ勉強したり、修行したりして身につける、獲得するもの、それが「徳」であると。人間が身につける人徳というのはそういうもので、そして発音も「とく」というのだと、こういう教え方をするんです。この教え方の欠点は、下の「得」を知らない場合はどうするか。下の「得」を教えるのに、もう一つやさしい同音の言葉を探さないといけない。そういう限界のある方法ですが、しかしこういう方法しかなかった（もう一つ音を教える方法があるんですが、その話は今日はやめておきます）。

「鬼」の場合は、「鬼《き》、帰《き》也」と教える。「鬼、帰也」というのは、ただ音が「き」という同じ音だというだけではなくて、土に帰るという意味、本来の場所に帰る。それは人間としては死の世界に戻ること。生前の世界に戻る、それが「き」だというわけですから、要するに中国の「鬼」というのは「おに」ではなくて、「亡者」ということになる。

プリントの5、これも大変有名な言葉ですが、

子曰、非其鬼而祭之、諂也。見義不為、無勇也。（為政篇、四九頁）

▥ 子曰く、其の鬼にあらずして之れを祭るは、諂《へつら》うなり。義を見て為《な》さざるは勇なきなり。

後半は突然、全然別のことを言っているようで、何を言いだすのかと思ってしまいます。だから学者たちは一生懸命その結びつきを考えて、いろんなことをいうわけです。

まず最初に「鬼」が出てきます。「鬼」というのは、岩波の金谷先生の訳でも、精霊《しょうりょう》と訳していますが、人間の霊魂です。「其の鬼にあらず」というのは、わが家の先祖の霊魂でないのに、他の家の霊魂なのに、その祭りをするというのはへつらいだと。「へつらい」というのは、何か利益

を得ようとして、相手に対して低く出るという、それが「へつらう」ですけれども、そういう気分があるから祭るのだと。毅然としていればそんなことをしなくてもよろしい。これは「鬼」という霊魂の世界に対する孔子の考え方を大変よく示していると思います。わが家の先祖の霊魂を祭る、それは自然なことであると考える。だから当時、孔子たちが唱えた礼の世界、礼というのは秩序ですけれども、その世界で非常に重んぜられたことの一つは、葬式なんです。葬礼ということを大変尊重しているから、死後の世界については語らないけれども、死そのもの、人間が死ぬことによって霊魂化するという、そういうことは尊重していたと思います。したがって孔子は無神論者とは言えないでしょう。しかし一般的に霊魂の世界に対してちやほやするということ、そして神頼みをするというのは拒否する、そういう精神があったように思います。

で次に、突然飛躍しまして、「義を見て為さざるは勇なきなり」と来る。「義」というのは人間のなすべき正しい道、そうしなければいけないことを目の前にしていながら、電車の中で痴漢がいるということがわかっていながら、黙っているというのは、勇気がないこと。これは一般に通用することですが、前の文章と一体どうつながっているのか。例えば、伊藤仁斎の説がある程度、納得させると思うのですが、これは両方の文章とも人間の精神の弱点を示しているというのです。一方の「鬼」の場合は抑える、抑制する。「義を見てせざるは勇なきなり」というのは、推進する方向である。抑えるか、積極的に出るかという違いだけれども、人間はその両方について弱点をもっている。それに対する孔子の教えである。そういうふうに説明しているんです。「義を見てせざるは勇なきなり」というのは、大変有名な言葉です。『論語』という本が有名なのは、こういう二千五百年も生きつづけているような言葉がちりばめられているということと関係があると思います。以上が「霊魂の世界と孔子について」です。

『論語』のなかの「女」は十九回

次は、私のもっとも不得意とする「女」のことです。

この前にも言いましたけれども、このごろはコンピュータが発達しまして、『論語』の中に「女」という字が何回出てくるか、一瞬にしてわかるんです。ぼくが学生のころは、一頁からずっと繰って、ああ、十七回かと、ところが二回目やってみると十八回で、どっちかと思って困ることがよくあったのですが、正しくは十九回です。「女」が十九回も出てくるのかというと、じつはそうでなくて、十九回のうちの十七回は、「汝《なんじ》」と読ませるんです。女となんの関係もない。

これも前に申しましたが、漢字というのは、たいていは二つの部分からできている。「汝」の場合、サンズイヘンの方を意符といいまして、「女」の方は発音を表す音符といいます。「女《おんな》」と意味の上ではなんの関係もない。女《じょ》という音だけ表す。サンズイヘンの水は川を示しています。だからもともとこの字は、汝水という川の名前なんです。発音が「じょ」で「女」と同じ発音なので、それで一人二役させられた。もともと「女」が「おんな」と「なんじ」二役だったのが、「女」がもっぱら「おんな」にだけ使われるようになり、「なんじ」は「汝」と書くようになるわけです。

一字二役の漢字

これは漢文の教科書などによくとられている、杜甫の「絶句」という題の絶句です。詩の題がなくて「絶句」とよばれています。

江碧鳥逾白　　江《こう》は碧《みどり》にして鳥　逾《いよいよ》白く

山青花欲然　　山青くして花然《も》えんと欲《ほっ》す

対句になっていますが、江というのは、この場合は揚子江、南の川です。紺碧の色をたたえていて、それと対照的に白い鳥の姿がますますまっ白に見える。日本は、自然が狭いですから、こういう詩を読んでも、下に川が流れてて、上を鳥が飛んでると、こう思うんですね。ところが中国の場合は、川の向こう岸が見えない、幅が広いから。その上を鳥が飛んでるから、鳥は川の碧の中を飛んでる。そういう対照なので、江が碧であるために鳥はいよいよ白い。だから下向いて上向いているのではない。一直線の中で、その二つの色が目に入ってくるわけです。

次の句は「山青くして花然《も》えんと欲す」と読みます。この「然《もえる》」という字は、いまはご存じのように、「燃」と書きますが、杜甫のころに、すでにこの字（燃）はできていたと思いますけれども、まだこの字（然）を使っていたんです。然《しか》り而《しこう》して、という意味の場合も、「然」ですし、自然というときも「然」ですので、一人二役させられていたんです。そもそもこの字は「肰」、こういう字なんですよ。月は肉の絵から来ているんです。お月さんと違うんです。漢和辞典を引いていただいたらわかりますが、ぼくらは小学校の時にこれをうるさく言われたんですけれども、「月」が肉月《にくづき》で、「月」が月《つき》ヘンです。だから「腹」という字を書くときは、横棒を右にくっつけないといけない。こういうふうにはなして書き取りで書いたら、ペケなんです。「然」は犬の肉のバーベキューです。下から火で燃やす。この「然」がそもそも燃えるという字だったんです。ところが自然の「然」と同じ発音ですから、二役させたけれども、のちに二役はかわいそうだから、新しい字を作ってやれというので、「燃」を作った。これだと火が横と下にあって、バーベキューは焼けすぎるんですけれども。そういう形の漢字、一字二役というのはいっぱいあったのです。

　榊莫山という書家がいますけれど、わしの名前を「山がない」と読みよるやつがおるんやと怒っていましたが、確かにこれは何々する莫《なかれ》と、この字（莫）を使うんです、「ない」という意味で。ところが莫山の場合はそうではなくて、草が生えてまして、太陽があいだにあって、下の字は今は「大」だけれども、もとの形は草です。草と草の間に太陽がずっと沈んでいくんです。だからこれは「暮れる」という意味で、莫山というのは、夕暮れの山です。この字（暮）ができる前は、これ（莫）が「ない」と「暮れる」と、両方の意味で使われていた。一人二役させられていた。新しくこの字（暮）ができると、こっち（莫）は「ない」一点張りで、こっち（暮）は「くれる」という意味で使う。「暮」は太陽が二つもあって、具合が悪いんですがね。こういう字を勝手にでっち上げた。そういう滑稽な話がいろいろあるわけです。

「女」の成り立ち

「女」という字は、どんなふうにしてできたか。

漢字の語源というか、漢字の成り立ちについて、現代の漢字学者で、辞書を書いてる主な人は、加藤常賢、藤堂明保、白川静の三人かと思います。ところが三人が三様で、全然別のことをいうんです。というのは、漢字というのは、もともと作られたときに、この字はこうして作ったというコメントがついてない。だからあとで学者が勝手にあれこれ想像して説を立ててるんですね。たとえば「王」という字は、いまから二千年前の『説文解字』という本の説明によると、天と人と地、この三者を全部貫いている権力者を示していると、そういう説明があるんです。それでみんながそうかなと思っていたら、二十世紀の初めごろに、甲骨文字というのが発見された。これはあるおじいさんが、風邪をひいたかなんかで、漢方薬を奥さんに買いに行かせたんです。そうすると漢方薬ですから、これを煎じなさいと言われて骨みたいなものをガラガラと買うてくるんです。ところが、たまたまその風邪をひいたおじいさんが文字学者でして、そこに刻んである字のようなものを見て、あれ、これは古い文字かな、と思ったのが最初なんだそうです。亀の甲とか獣の骨に書いてある文字なので、甲骨文字と呼ばれることになった。

いまから三千六百年ほど前のものだと言われているんですけれど、四千五百種類ぐらいの文字が発見されて、それと現在の漢字との対応関係を考えて、それぞれ解読していったんです。数年前に四千五百、全部解読したそうですけれども、それを甲骨文字といいます。それが発見されたのは二十世紀の初めごろですが、王という字は甲骨文字ではこういうふうになっている（）。天・人・地が等間隔でなくて、なんで人間があんな上に上がっているのか（笑）、説明がつかないんです。だからこれが発見されたあとは、これは王冠の形だとか、そういうことをいう人があって、要するに『説文解字』の説はほとんど信じられなくなった。

「女」という字は、例えば加藤常賢さんの『角川字源辞典』を見てみると、「やわらかくくねくねとしたおんな」の形（）だと。けれども、眉につばをつける必要があるのは、これを説明している人が男だということです（笑）。学者はほとんど全部男だったんです。最近になってやっと女の学者が出てきましたけれども。男の立場で書いてるから、「なよなよ」というようなことを言う。それでいいのかと思うけれども、いままではそういうふうに言われてきました。

女に対して、男は、「田んぼ」で「力」仕事をしている。これも男の解釈だと思うんですけれどね。

女と男の世界

男と女は「男→女」という順序でいいますね。「父母」、「夫婦」。これらの上と下は、地位というか、権力の上下を表していると思うんです。だからだいたいの言葉が男性が上になっています。二つのものを対立させるのは、陰陽思想からきてると思うんです。ただ、漢字の「女」はもともとは「おんな」ではなくて「むすめ」のことを言いました。そして結婚しますと、「婦」になります。これは箒で掃除する女。だから娘が箒を持ったら嫁になる。それで最近はすごく評判が悪くなって（笑）、このごろは組合婦人部は「女性部」といい、婦人という言葉を使わないようになってきた。しかしそれは大まちがいで、この字（帚）は、さきほど言った単なる音符なんです。音だけを表して、意味はないんです。あとでこじつけているだけですから、この字はべつに使ってもかまわないということです。ミスとミセスみたいに、中国でも昔から未婚の女性と既婚の女性の呼び方が「女」と「婦」と違ったというだけのことなんです。

さきほど言ったように、音符というのは、意味のこじつけがしばしばされるんですが、そういうことはしない方がいいだろうという、大変象徴的な話があります。中国での話ですが、ある人がある非常に偉い学者のところに、字のことで質問に行った。「波」という字はなんでこんな字を書くんですかと聞いたところ、その偉い先生は、「なみ」は「水の皮」だと答えた(笑)。それを聞いた人はひどく感心してしまった。しかしもう一人の偉い先生のところへ念を押しに行ったんです。あの先生はさすがに偉い先生で、こう言われましたけれど、と。そうしたらもう一人の偉い先生がせせら笑って、「滑《すべ》る」というのは「水の骨」かと(笑)。じつはこれら右の部分は、「は」とか「こつ」という音だけを表している。意味は関係ないんです。漢字というのは、そういうふうにできていますので、うっかり惑わされないようにした方がいいだろうと思います。

ところで上下関係の話に戻りますと、「兄弟姉妹」という場合でも男が上で、女が下なんですね。ところが女が上の場合があるんです。「お軽勘平」とか「梅川忠兵衛」とか、歌舞伎に出てくる女性は、全部上位です。それはなぜかということを、ぼくは論じたことがあるんですけれども、それはしょうもないことだから今日はやめておきます。英語で「レディース・アンド・ジェントルメン」といいますね。ところが日本語では「紳士淑女諸君」です。ひっくり返している。しかしヨーロッパは女が上かというと、「ロメオとジュリエット」とか、芝居や小説は全部、男が先です。あれはなんでだろうという、そういうことがあるんですが、それは私の専門外のことですから、やめておくことにして、私の専門のことでいうと、女が上という例外が二つあります。その一つは、「雌雄を決する」という言い方です。どっちが強いか決めるときは、雌が上なんです。これはやっぱり雌の方が強いからかなと思うんですが……（笑）。それからもう一つが、「牝牡」。「ひんぼ」と読みます。これは馬の牝《めす》と牡《おす》のときに限って、牝牡といいます。これも馬は値打ちがあるのは、女の方だということかもしれませんが……。

こういうのを例外にして、漢語の場合はほとんどが、男が上。それは男尊女卑から来てると思うんですが、そういう順序になっています。ところが歌舞伎の場合は、それが違う。しかし歌舞伎の中でも、例えば「安珍清姫」というのは男が先なんですね。それで明治になって以後は、『金色夜叉』は「貫一お宮」でしょう、男が上なんですね。漫才のコンビなどでも、「大助・花子」のように、おおむね男が上なんです。わかさ・一郎というのは女が上だね。

語呂のよさではないか、という説があるんですけれども、ところが全部並べてみると、語呂だけとは言えない。それについては山本健吉さんの説があるんです。もともと浄瑠璃は瞽女《ごぜ》によって語られたもので、女人が救われることを主眼としていて、女を上にした言い方が習わしになったというものです。これを糸口にして丸谷才一さんにもお軽勘平論（『忠臣蔵とは何か』）があります。

色を好む

実は『論語』の中の「女」という字については、さきほど言ったように、十九回出てくるけれども、十七回は「汝」と読む。ということは、逆にいえば、二回は「女」という意味で出てくる。しかし「女」に触れているのは二回だけかというと、そうではない。実は「女」という字を使わずして、女のことを論じているところも『論語』の中にはある。

その一つは「色」です。この象徴的な言葉が、皆さんにお渡ししたプリントに出てくる。有名な言葉ですが、

子曰、吾未見好徳如好色者也。（子罕篇、一七七頁）

■子曰く、吾、未だ徳を好むこと、色を好む如き者を見ざるなり。

道徳を好む、道徳を大切にする、それと同じほどに、あるいはそれ以上に、誰でも女が好きだ。色を好むほど道徳を好むという人は見たことがない。孔子さん、あんたもかといいたくなりますが。ここで「色」という言葉で出てきます。「色」という言葉も『論語』の中にたびたび出てくるんですが、その多くは、顔色（がんしょく・かおいろ）という意味で使ってます。色という字の説明

の「延長」として、「女の顔が美しいところから、顔の意、さらに引伸されて、美しい五彩の意となったと思われる」という説があるんですね。女色の色という文字の作り方はそうなんだけれども、そこから女性の美しい顔、顔から色という、そういう意味が引き出されてきて、のちには、もとの意味を失って、色彩という意味だけに使われるようになったと、そういうことだと思います。ただ、女性という意味で使っている場合が、ほかにもあります。

「色」という字も、さっきの「女」と同じように、加藤常賢さんの辞書『字源辞典』で調べたんですが、そこには声に出して読むのがはばかられるようなことが書いてあります（笑）。これは皆さん黙読をしていただいて……。これもだいたい男の学者の説です。

こういう形で「色」という言葉が出てくるので、『論語』における「女」を論じるときには、「色」の話をする必要があると思います。それともう一つは、「女」という字は出てこないけれども、女のことを論じているというのが、プリントの2番の文章です。

宰予昼寝。子曰、朽木不可雕也。糞土之牆、不可杇也。於予与何誅。

（公冶長篇、九〇頁）

宰予《さいよ》、昼寝《い》ぬ。子曰く、朽木《きゅうぼく》は雕《ほ》るべからず。糞土《ふんど》の牆《しょう》は杇《ぬ》るべからず。予に於いてか何ぞ誅《せ》めん。

と、普通、読まれています。この「与」という字は、疑問詞で「か？」と読みます。

岩波文庫の訳で読んでみます。宰予というのは孔子の弟子の名前ですが、宰予という人物が昼寝をしていた。そうすると孔子先生が言われた。「くさった木には彫刻できない。ごみ土の壁には上塗りができない」。糞というのは、上から米を入れたら、下から違うものが出てくるというのでできた字だと言われてますけれども、一般的に「ごみ」という意味で使うのが、むしろ普通です、「くそ」というよりは。安物の土で塗った壁は、その上に上塗りのしようもない。次は「予に対しては何を叱ろうぞ」と訳してありますが、私に叱れといっても無理だ、ということです。あんなやつは叱ってもしょうがない。この宰予という弟子は、何でか知らんけれども、『論語』の中で叱られっぱなしで、出てくるたびに叱られている。そういう生徒、いますよね（笑）。そういう人物として描かれているんですが、あまりひどいじゃないか。昼寝してたぐらいで、なんでこんなに糞味噌に、言われるのか。

そこでまた荻生徂徠先生の登場なんですが、それをプリントの次に書いておきました。

宰予昼寝、昼処寝也、蓋有不可言。故孔子深責之。（荻生徂徠『論語徴』）

荻生徂徠『論語徴』によれば、「宰予、昼、寝《い》ぬとは」、次の「処」という字は「おる・いる」

と読んで、「寝《しん》に処《お》るなり」。寝所、寝る部屋です。「処寝」というのは、昼間から寝室におるということ。「蓋《けだ》し」というのは「思うに」、「言うべからざるあり」、ちょっと口で言えんことがあるんだと。「故に孔子深く之を責む」。「言うべからざる」（言いにくい）とは、うまい言い方だと思いますが……。要するに昼間から女性と寝ていたと、こういうんです。これが徂徠の説です。それで孔子はカンカンになって怒った。ここで隠れたる女が登場するんです。こういう形の文章は少ないんですけれども、こういう形で女性が登場する。

孔子の女性観

さきほどいったように、『論語』で十九回の「女」のうちのたった一回だけが、「おんな」という意味で使われています。その一つが次の一条です。

斉人帰女楽。季桓子受之。三日不朝。孔子行。（微子篇、三六五頁）

― 斉人《せいひと》、女楽《じょがく》を帰《おく》る。季桓子《きかんし》これを受く。三日朝《ちょう》せず。孔子行《さ》る。

「斉人《せいひと》」、普通、どこどこの国の人というときは人《ひと》と読み習わしています。唐人《とうじん》というと唐人おきちになってしまいますので、普通、唐人《とうひと》と読みます。斉の国の人。これは山東半島、地図で突き出たところがありますね、この山東半島に孔子がいた魯《ろ》という国がありました。その隣に斉《せい》という国があったんです。魯の方が政治がうまくいって、国力がさかんになったので、隣の国の斉が、このままではとてもじゃないけれど対抗できないというので、魯の国に女楽《じょがく》を送った。女楽というのは、女の音楽隊です。北朝鮮の「よろこび組」、ああいうのを送ってきた。その時、孔子は魯の国の大臣相当の職についていました。そして総理大臣に季桓子《きかんし》という人物がいました。総理大臣の季桓子は「よろこび組」を受け入れて、のめりこんでしまった。そして三日間、政治をしなかった。「朝《ちょう》」というのは政治を行うということですが、それで孔子は怒ってしまって、わしはもうこの国はあきらめたといって、魯の国から去ったと、こういう話です。それまでにもいろいろ腹にすえかねることがあったのだと思いますが、あまりにも短気のようだけれども、とにかくそういう話があります。

ここで「女」というのは、北朝鮮の「よろこび組」とはちょっと違うかもしれませんが、美女軍団みたいなものを送ってきた。この場合も女性というものに対する一種の侮蔑感というか、当時としては当然のことでしょうが、差別みたいなものがやっぱりあるわけですね、孔子の中に。

そして二つ目が、有名な、『論語』の中でももっとも評判の悪い文章です(笑)。

子曰、唯女子与小人、為難養也。近之則不孫、遠之則怨。　(陽貨篇、三六二頁)

子曰く、唯《ただ》女子と小人は養い難しと為す。之れを近づくれば、則《すなわ》ち不孫なり、之れを遠ざくれば、則ち怨む。

「孫」は孫ができるという意味ではありません。孫《まご》ではなくて遜《そん》、「不遜」は傲慢、つけあがるということです。近づけるとつけあがる、と。

女子と小人の「小人」という言葉は、『論語』の中にしばしば出てきます。それは人物がちっぽけということだけではなくて、身分が卑しいという意味で使われている。これもいわば階級的な言葉です。しょうもないという意味であることも確かなんですけれども、女子がそれといっしょくたにされているんです。この場合の「女子」は女の子、女性という意味です。

ここでぼくが面白いと思うのは、「唯《ただ》」という字が使われていることです。これはみんなあんまり注意して読んでないんですが、「唯、女子と小人だけは」というんです。だから孔子はどんな難物でも解決できたという自負が裏にある。しかしこれだけはかなわん。それが女だと、こういうわけです。だから大変面白いと思う。「唯、女子と小人のみ養い難しと為すなり」。「養い難し」と言わないで、「養い難しと為す」と言っている。わしはそれをようしない、できないと言っているわけです。

女の子と書いて「女子《じょし》」という言葉は、『論語』の中にはここだけしか出てこないんだけれども、どうして女に「子」がついたのか。先ほど、女《じょ》というのは娘であって既婚のおんなではないと申しました。ところがそれだけの意味ではなくて、例えば男女という言葉の場合は、女全体を指すわけです。ですから女《じょ》というのは、狭い意味では娘だけれども、女全体を指す場合もあり得るんです。じゃあ、「女子」というのは一体なんだというと、ここだけしか例がないから、ちょっとわかりませんけれども、中国語というのは、リズムを非常に大切にするわけです。『論語』や『諸子百家』の文章というのは、そうなんです。いつもわかりやすく人を説得するために、言葉を非常に選ぶわけです。そうすると、下に小人と出てくれば、これは略するわけにいかない。小と人ですから。二字の言葉ですね。しかし、上の女子は、女だけでもいいわけです。女と小人は、でいいんです。ところが中国語で、小人《シャオレン》という二字のリズムの言葉に対しては、女《ニュイ》という、一つではいけないんです。女子《ニュイツー》というふうに、シャオレン・ニュイツーと対にならないといけない。だから子がついている。しかし、ここでの意味は女というだけのことだと思います。

これが孔子の女性観です。ですから孔子は確かに教育者として、いろいろ面白いプラスの面もありましたけれども、封建的な思想の持主として、こういう側面もあった。当時の社会の中では無理がないといえば無理がないんですが、そういうことがあったという証拠です。

以上で「神」と「女」の話を終ります。

恋は思案の外

荒唐無稽な話になるけれども、「孫悟空」は空を飛ぶでしょう。日本でも、現在の話だけれども、「アンパンマン」というのは空を飛ぶでしょう。ぼくは孫が小さかったころに「アンパンマン」につきあわされて、わりに一生懸命見てたんだけれども、「アンパンマン」には「バイキンマン」という小悪魔が出てくるんです。あれも空を飛ぶ。「バイキンマン」には「ドキンちゃん」という恋人がいる。あれは恋人でなくて妹だという説があって、ぼくは学生にバイキンマンの話をしたら、妹だと学生がいうから、やなせたかしさんに手紙を出した（笑）。あれは恋人か妹かときいたことがあるんですけれども、返事は「どっちでもいい」と（笑）。しかしとにかくそういう女気があるんです。ところが「孫悟空」はかわいそうに女気がないんですね。しかも『西遊記』だけでなくて、『水滸伝』にも『三国志』にも女気は出てこないんです。男の話です、ほとんど。

でも『水滸伝』には、奥さんとして出てきますね。

出てきますけれども、それはわき役であったり、妖怪であったり、ごく当たり前の女性ではないんです。李白や杜甫の詩にも、女性はあまり出てこない。女性はタブーなんですね。それはやはり儒教の影響だと思います。

劉備玄徳では「恋は路傍の花」とありますね。相手は出てこないけれども。

ええ。だからそれが裏返しみたいな形で、『金瓶梅』のような小説が書かれる。ポルノグラフィが出てくるんですね。ぼくらは若いころ、中国文学をやってるというと、変な顔をされましたものね。ポルノの勉強してるのかと。

この時代の背景として、そういう男女の問題というのを表現すること自体がはばかられたというか、そういう精神背景があったのでしょうか。

『詩経』を読んでみると、わりに男女のことを歌ったものがあるんです。『詩経』というのは、司馬遷の『史記』によれば、最初は三千ほど歌が残っていた、そのうちの三百を孔子が選んで、『詩経』を作ったという。選んだときに、そういう色情狂みたいな歌は省く。昔だからそんな歌ばっかりだったと思うんです、ばっかりでもないけれど、労働の歌とか生産の歌もあるけれども、男女の歌が多かっただろうと思うんです。その相当部分が省かれた。

それから、こういう川柳があるんだそうですね。

論語読み　思案の外の　仮名を書き

「思案の外」というのは「恋」のことで、恋文を書く。『論語』をよく読んでいるので学問があり、漢字をよく知っているはずなのに、『論語』の中には「恋」という字がないので、恋だけは仮名で書いていると、そういうことみたいですね。じつにうまいこと表現している。こういう形で、『論語』の中には恋がないというのを皮肉っているんですね、すでに江戸時代の川柳の中で。

■ 例えば、孔子は母親については書いてないんですか。

孔子のお母さんのことは、『礼記《らいき》』に出てくるんですけれどね。孔子自身がいうのに、自分は東西南北の人であると。東西南北の人というのは、要するに東、西、南、北と、全国を走り回っている人間。実際、あちこち旅行してるわけです。あちこちの王様を説得するために、動き回っているでしょう。だから母の墓は……、というのは、お父さんは先に死んでいて、あとでお母さんが死にますけれども、普通のお墓は土を盛らないけれども、うちの母の墓だけは土を盛っておいてほしいと言っている。それは旅行から帰ってきたときに、探し回らなくてもいいように、あれがお母さんの墓だということがわかるようにしておいてほしいということが『礼記』に出てくるんです。だからそういう形で母親を慕っていたというエピソードはありますね。

3 〈学〉と〈思〉

『論語』の中の〈学〉

1　子曰、学而時習之、不亦説乎。有朋自遠方来、不亦楽乎。人不知而不慍、不亦君子乎。（学而篇、一九頁）

2　子曰、吾嘗終日不食、終夜不寝、以思無益、不如学也。（衛霊公篇、三一八頁）

3　子曰、学而不思則罔。思而不学則殆。（為政篇、四二頁）

4　子夏曰、仕而優則学、学而優則仕。（子張篇、三八四頁）

イ　子張学干禄。（為政篇、四四頁）

ロ　子曰、君子謀道、不謀食、耕也餒在其中矣、学也禄在其中矣。君子憂道、不憂貧。（衛霊公篇、三一九頁）

ハ　子曰、小子、何莫学夫詩。詩可以興、可以観、可以群、可以怨。邇之事父、遠之事君、多識於鳥獣草木之名。（陽貨篇、三五〇頁）

ニ　陳亢問於伯魚曰、子亦有異聞乎。対曰、未也、嘗独立、鯉趨而過庭、曰、学詩乎、対曰、未也、曰、不学詩無以言也。鯉退而学詩。他日又独立、鯉趨而過庭、曰、学礼乎、対曰、未也、不学礼無以立也、鯉退而学礼。〔略〕（季氏篇、三三七頁）

5　吾十有五而志乎學、三十而立、四十而不惑、五十而知天命、六十而耳順、七十而従心所欲、不踰矩。（為政篇、三五頁）

6　文学子游子夏。（先進篇、二〇二頁）

「学」を取り上げる二つの理由

今日はどんな漫談ですかといわれたんですが、今日は非常にまじめな……（笑）『論語』の中の「学」という字について。この字はぼくの子供の時は「學」と書かされたんですけれども、いまはこんな字を書く人はありません。

この字を取り上げる理由は二つあります。一つは『論語』そのものの開巻第一頁に、

子曰、学而時習之、不亦説乎。有朋自遠方来、不亦楽乎。人不知而不慍、不亦君子乎。

（学而篇、一九頁）

子曰く、学びて時にこれを習う、亦《ま》た説《よろこ》ばしからずや。朋《とも》あり、遠方より来たる、亦た楽しからずや。人知らずして慍《うら》みず、亦た君子《くんし》ならずや。

と、冒頭に「学」という字が出てくるんです。『論語』の講義ですから、どうしても「学」は取り上げざるをえない。ただ、一番最初に出てくるから、孔子という人が「学」ということを一番重んじていたといえるかというと、必ずしもそうでなくて、『論語』というのは孔子が自分で編集したものではなく、弟子が編集したものですから、弟子が「学」ということを非常に大事に考えた

ということなら、理由は立つけれども、孔子自身がそう考えたというふうには、『論語』の冒頭の句を根拠にしては必ずしもいえないと思います。けれども『論語』全体を見ると、孔子は「学」ということを相当大切にしていたことがわかります。

それからもう一つの理由は、これはちょっと乱暴な言い方かもしれないけれども、孔子という人は、一言でいえば教育者だったと思うんです。思想家であることは確かですけれども、孔子が非常に独創的な思想を編み出したといえるのかどうか、ぼくは哲学者と違いますからよくわかりませんけれども、ぼくの印象では、むしろ当時のきわめて常識的な中国人一般の考え方、一般的というか、一番上等の上澄みみたいな思想を代弁して、むしろ教育という仕事に大変な情熱をもっていた。あまりいい言葉ではないけれども、一種の「教え魔」ではなかったかと思います。どうもそういう傾向がある。教えるということは、裏返していえば「学ぶ」ということですけれども、「学ぶ」ということを孔子が大切に考えていたことは確かでしょう。

それで今日は非常にまじめな「学」ということについて、あれこれお話をしたいと思います。

さきほど言いましたように、『論語』の一番最初に「子曰、学而時習之、不亦説乎」という言葉が出てきます。『論語』の篇は全部で二十篇に分かれますが、『論語』の第一篇は最初の二字を取って、「学而篇」といいます。前回お話ししたように、普通の本はこんな篇名のつけ方をあまりしないで、その篇の内容を表すのが篇名です。ところが『論語』は弟子たちがやったのかと思いますが、出だしの二字を篇名にする。出だしの二字を篇名にしている中国の書物は、ほかには『詩経』があって、たとえばその中に「碩鼠《せきそ》」という題の詩があります。「碩鼠碩鼠　莫食我黍〈碩鼠《せきそ》よ碩鼠我が黍《きび》を食らうこと莫《な》かれ〉」という句ではじまります。これはでっかい鼠のことを歌っているんですが、実は鼠ではなくて、自分たちを搾取している領主のことを鼠にたとえて歌っているんです。出だしの「碩鼠」というのが篇名になっています。それから「桃之夭夭　灼灼其華〈桃の夭夭《ようよう》たる、灼灼《しゃくしゃく》たる其の華〉」。若々しい桃よ、輝くばかりのその華よ、というのではじまるんですが、これは「桃夭」が篇名です。後世の書物はこういう篇名のつけ方をしない。非常に古い、素朴な時代の篇名のつけ方で、これにならっているのは、『孟子』です。そのほかにはこういう題のつけ方はあまりないと思います。

だから篇名を見ただけでは中身に何が書いてあるのかわからない、そういうちょっと変な題のつけ方になっているのが一つの特色だと思いますが、出だしの第一篇は「学而篇」といっています。

学ぶこと、思うこと

『論語』に入る前に、今日お渡ししたプリントをごらんになってください。項目として、『論語』の中の「学」、となっています。その一番に白楽天の文章を引いています。ぼくはかつて、藤原書店の『機』誌の連載「帰林閑話」の九十五回目にこれを引用して書いたことがあります。白楽天に「酒功讃《しゅこうさん》」、酒の功績を讃えるという題の文章があるんです。ご存じだと思いますけれども、晋《しん》の時代、三世紀のころかと思いますが、劉伶《りゅうれい》という人が書いた「酒徳頌《しゅとくしょう》」という、酒の功徳を讃えるという題の文章があります。これは『文選《もんぜん》』という本の中に載っています。これがおそらく中国ではじめて、酒というのはすばらしいものだ、ということを作品としてのべたものかと思うんですけれども、白楽天がこれになぞらえて作った文章です。

吾常終日不食、終夜不寝、以思、無益、不如且飲。

「吾常」とありますけれども、この「常」は「つねに」と読まないで「かつて」と読みます。その隣に「嘗《かつて》」という字がありますが、中国語の発音は同じです。それで「常」という字は、しばしば「かつて」と読むことがありまして、「吾常《かつ》て終日食らわず、終日寝《い》ねず、以《もっ》て思うも益なし、しばらく飲むに如《し》かず」。「且」という字は「かつ」とも読みますが、「しばらく」とも読みます。

意味は大変簡単で、私はかつてこういうことをしたことがある、一日中物を食べないで、一晩中ずっと寝ないで考えたけれども、何の利益もなかった、しばらく、まあ今のところは飲むにしたことはない。これはもちろん酒ですね。酒を飲むにかぎると。一日中食わず寝ずに考えてもなんの利益もない。これを読んで面白いことを言ってるなと思っただけではあかんので（笑）、実はこれはパロディで、背後に『論語』がある。『論語』があるということがわかると一層面白い。『論語』の中で、プリントではその隣にある、衛の霊公というのが最初に出てくるので、衛霊公篇というんですが、岩波文庫の三一八頁です。

子曰、吾嘗終日不食、終夜不寝、以思無益、不如学也。（衛霊公篇、三一八頁）

子曰く、吾嘗て終日食らわず、終夜寝ねず、以て思うも益なし、学ぶに如《し》かざるなり。

これは『論語』の文句で、白楽天は「学」の字を「飲」に変えたわけです。ここでは「学」を「飲」に変えた面白さのほかに、もう一つ、今日の題に即していえば、ここで孔子が「学」ということと「思」ということを、一種の対立概念として考えていることがわかります。その面白さがここにはある。それで「思」というのは、前にお話ししたことがあると思いますけれども、漢字の日本式の読み方として、「思」、「想」、「念」、「憶」、「懐」、この五つは全部「おもう」と読みます。訓読すると「おもう」ですけれども、音読すると「思《シ》」、「想《サウ》」、「念《ネン》」、「憶《オク》」、「懐《クワイ》」です。

日本の漢字音というのは、もともと中国人に教えてもらった中国語の発音ですが、耳で聞いて違う音の言葉は違う意味を表すわけですから、全部違う意味の字のはずです。ところがある共通点があるために、日本ではこれを全部「おもう」と読んでしまって、その区別がわからなくなってしまった。このごろは、ワープロなりパソコンで、「おもう」と打って漢字変換しますと、それぞれの脇に説明が書いてありますから、わりに便利になっていますけれども、ただかなり間違ってますからね(笑)、あまり信じたらあかんのです。辞書が間違っていたらそれでアウトですから、信じない方がいいんですが、しかしもちろんだいたいは合っています。

けれども、もっと確実な方法は、これは前にも言ったと思いますけれども、熟語を作るんです。そうすると大変簡単に意味がほぼわかってくる。「思」というのは、論理的「思考」、「思索」のときに使います。もちろん「思想」という言葉がありますから、厳密に区別されてないような使い方はいろいろありますが、しかし区別するとすれば、論理的思考のような「思考」です。「想」は「想像」ですから、おもい浮かべる。そして「念」は集中的に考える、「執念」とか「念仏」を唱えるとか「念力」です。「憶」は「記憶」ですから、おもいだすということですし、「懐」は「懐旧」とか「懐古」とか、懐かしくおもう、これは懐《ふところ》という字で、懐中物ご用心の「懐」ですから、胸の奥深くおもうという、そういう微妙な差異が同じ「おもう」でもあるんです。

で、『論語』の中の「思」というのは、そういう論理的思考という意味があると思います。あれこれ考えるということと、学ぶということについては、あとで別の文章を引いて申し上げますが、この文章からも、「思」と「学」という二つのことについて、孔子が大変重要視していたことがわかります。

孔子と酒

『論語』の中に、孔子について「酒無量、不及乱」、「酒は量なし」と書いてあります（笑）。いくらでも飲める、と読みたくなりますが、そうではなくて、毎日きまった量を飲むわけではない、という意味です。しかし「乱に及ばず」と。乱れるほどは飲まない。「乱に及ばず」というのは、漢文としては「及ばず」が先にきて「乱」が下にくるんです。ところがこれを「及ばざれば乱る」（飲み足りないとあばれる）と日本人は読みたがるらしい（笑）。日本式漢文の読み方。面白いですよ。それらをいまちょっと集めているんだけれども、例えば「精神一到何事か成らざらん」というでしょう。それを日本式に読んだら、「精神一到何事も成らず」（笑）。「葷酒《くんしゅ》（ネギ・ニラなどの臭い野菜と酒）山門に入るを許さず」というのを、「許されざる葷酒山門に入る」と（笑）。

ところで「李白一斗詩百篇」というのは、一斗というと一升瓶十本でしょう。あの詩（杜甫の「飲中八仙歌」）の最初に出てくる酒飲みの一人は、朝酒三斗飲んで出勤したとある。ところがそれでも酒屋の車が来て、麹《こうじ》のにおいがすると、よだれを垂らしたと。朝酒三斗というと、三十本毎朝飲むことになる。だとすると当時の三斗はそんな量とは違うことになるんですね。

三升ですかね。

まあ、三升だね。詩の最後に出てくる男は、「五斗飲んではじめてしゃきっとする」と書いてある。やっぱり五升でしょうね。当時の度量衡と現在の度量衡を比較した、そういう研究があるんです。

「斗酒なお辞せず」という日本語があるでしょう。あれは大酒飲みのことですね、日本語では。ところが中国では「斗酒隻鶏《としゅせっけい》」という言葉があって、「隻鶏」というのは一羽の鶏なんです。かしわ一羽分と一斗の酒。これはごく小さい集まりの時に適当な量だと。そうなんです。だからそんなたいした量と違うんです、一斗の酒というのは。例えば三人で飲み食いするのに、ちょうどかしわ一羽分と一斗の酒がいいぐらいだと。これだと一升ぐらいでしょうね。だから日本の一斗と違うんですね。「斗酒なお辞せず」と違うんです。

学ぶとは自覚すること

さて『論語』の冒頭の句に戻りますが、「学而時習之、不亦説乎」。その中身については、あとで申し上げますけれども、まず一番最初に出てくる「学」という字の意味を考えてみます。「学」

の字義といっていいかと思いますが、さきほど「學」という字を書きましたけれども、孔子の時にはまだそんな形になってなくて、もっと古い形だったんです。『説文解字』によれば、「学」という字は、じつは、右側に攴がくっついた字が元の字だということです。そしてこの書体のことを小篆《しょうてん》といいます。篆書《てんしょ》、これはハンコを彫るときの篆刻の篆です。その篆に古い篆と、新しい篆とがありまして、新しい篆は小篆といいます。少し単純化された、いま読んでも比較的わかりやすいような……。それがじつはこの『説文』という書物の各文字の見出しに使われています。いまは『説文』という本は、全部こういうふうに活字にしてありますけれども、もともと見出しが小篆で、あとは隷書体で書いてありました。『説文』（次頁参照）の最初の大きい活字三字が本文で、二行に分けた小さい活字が、これも前に申し上げました、清朝の学者の段玉裁という、有名な考証学者の注で、「説文段注」といいます。『説文』はだいたいこの「段注」を参照しながら読みます。

本文の方に「斅は覺悟也」と書いてあります。「覺悟也」と言われてもわからないので、段玉裁が注をつけているわけです。「覺」は「覚《かく》」で、ガクとも読みますけれども、「畳韻《じょういん》也」と書いてあります。漢字の発音というのは、子音と母音に分けますと、最初は子音があって、次に母音があって、最後に子音で終わる。Ｃ＋Ｖ＋Ｃとなっているんですが、出だしのＣは「声《せい》」といいます。そしてあとの母音プラス子音、この子音はいまの中国語ではｎとｎｇしかないんですけれど

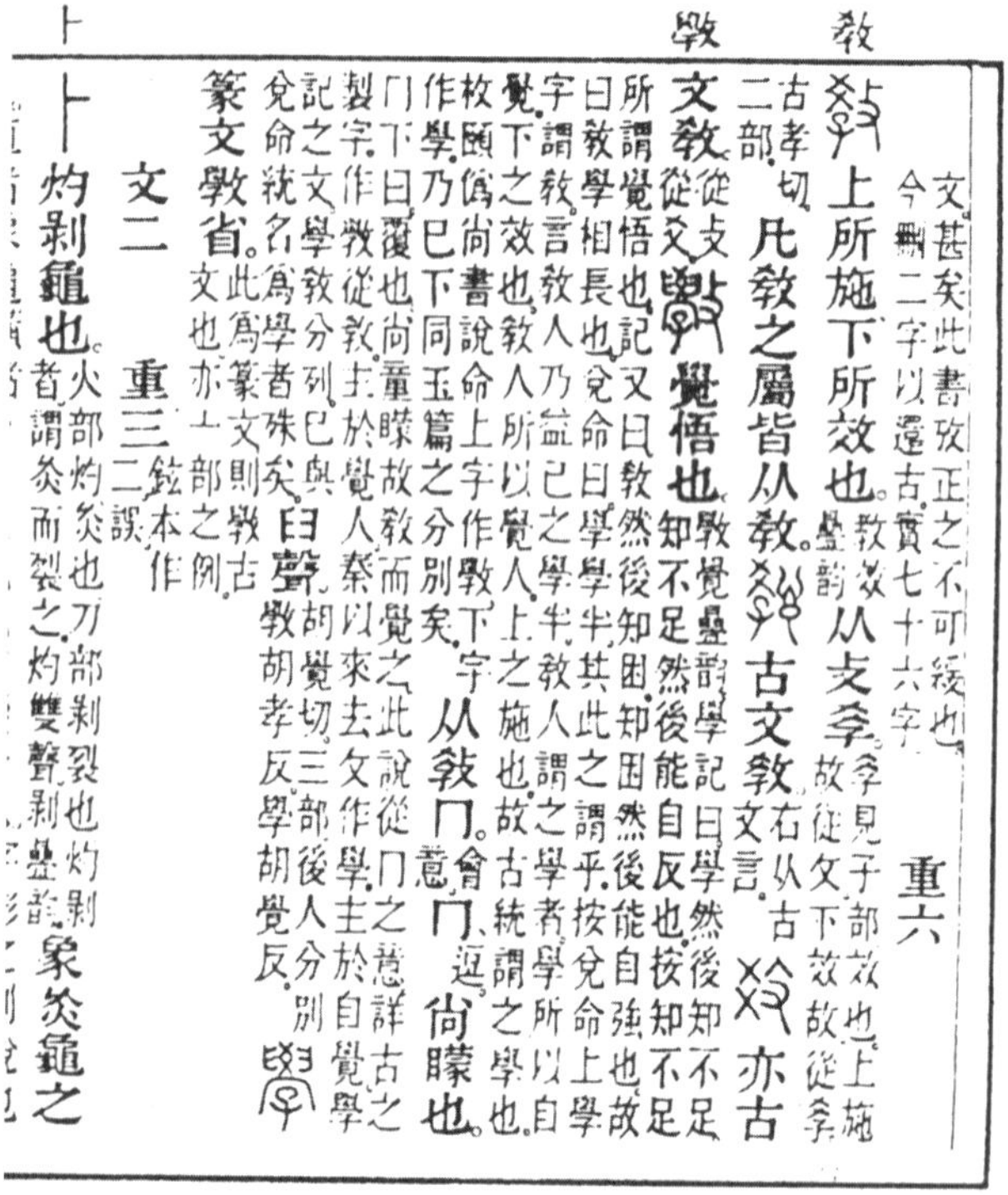
文甚矣此書攷正之不可緩也今删二字以還古實七十六字 重六

教 上所施下所效也。教效疊韵。从攴孝。孝見子部。效，下效也。上施故从攴，下效故从孝。古孝切。二部。凡教之屬皆从教。𢽳 古文教。右从古文言。𤕝 亦古文教。

斆 覺悟也。斆覺疊韵。學記曰：學然後知不足，知不足然後能自反也。按知不足所謂覺悟也。記又曰：教然後知困，知困然後能自強也，故曰教學相長也。兌命曰：學學半。其此之謂乎。按兌命上學字謂教，言教人乃益己之學半。教人謂之學者，學所以自覺，下之效也；教人所以覺人，上之施也。故古統謂之學也。枚頤僞尚書說命上字作斆，下字作學，乃已下同玉篇之分別矣。从教冂。會意。冂，尚矇也。冂下曰：覆也。尚童矇，故教而覺之。此說從冂之意。詳古之製字作斆，從教，主於覺人。秦以來去攴作學，主於自覺。學記之文，學教分列，已與兌命統名為學者殊矣。臼聲。胡覺切。三部。後人分別斆胡孝反，學胡覺反。學 篆文斆省。此為篆文，則斆古文也。亦上部之例。

文二 重三 鉉本作二，誤。

卜 灼剝龜也。火部灼，灸也。刀部剝，裂也。灼剝者，謂灸而裂之。灼剝雙聲。剝，疊韵。象炙龜之

『説文解字』より「学」の部

も、この組み合わせを「韻」といいます。だから漢詩で韻を合わせるというのは、この部分が同じ発音の漢字を並べるのが、韻合わせということになるわけです。「畳韻」というのは、同じ韻を重ねた言葉ということです。「學」と「覺」は、ともにAKUとAKUで終わります。AKUが韻の部分だから畳韻の字だというのが、この段玉裁の注の説明です。韻が同じということは、意味の点でも共通性があることを暗示しています。あとは全部読むと時間がかかるのでやめておきます。

「四書五経」の「五経」の中に『礼記《らいき》』という本があります。『書経』とか『詩経』とか『易経』とか『春秋』、そして『礼記』。その『礼記』はいくつかの篇に分かれていまして、その篇名の一つが「学記」です。学問関係のことを書いた「学記」です。その「学記」を段玉裁はここで引用して、「学然後知不足〔学びて然《しか》る後、足らざるを知る〕」といいます。「然後」というのは、日本語では「その後で」ですが、これはもう少し強い意味があって、「そうしてはじめて」、「そうしてこそ」という強い意味があって、学んでこそ自分の力不足、足りない部分がわかってくる。その次、続けて、「知不足然後能自反也〔足らざるを知りて、然《しか》る後、能《よ》く自ら反するなり〕」と書いてある。そこではじめて反省が生まれてくると。そこから学ぶということが出てくるというのが、あとにもいろいろ書いてありますが、段玉裁の説です。あとに「按知不足所謂覺悟也〔按《あん》ずるに足らざるを知るは、所《いわ》謂《ゆる》覚悟なり〕」と書いてあります。「覺悟なり」ということは、要するに自覚するということであると。

次は『論語』の注の一つである、朱熹《しゅき》の注です。朱熹は、普通、朱子といっていますが、この人は「四書」全体に注をつけています。朱子のつけた注のことを「集注《しっちゅう》」といいます。それまでの注を集めて、自分の説をさらに述べているので、「集注」といいます。朱子集注では、「学之為言効也〔学の言たる効《なら》うなり〕」と。何々の「言たる」というのは、この字の意味は、ということです。学という文字の意味は効《なら》うことであると。この「効」というのは、まねをするということです。だれかのまねをする。日本語でも「まなぶ」というのは「まねぶ」（まねをする）ということからきているというのが普通の説です。これが「学」という言葉の原理的な解説です。「まねぶ」という言葉は、すでに『源氏物語』にも出てくる、かなり古い日本語です。

以上が「学」という文字の意味ですが、次は「学而時習之〔学びて時に之れを習う〕」。「学」「習」は、いまは「学習」という熟語になっています。この「学習」という言葉は、現代中国語でもそのまま、勉強するという意味で使います。

勉強と学習

ついでにいいますと、いまの中国語では、「勉強」という言葉に日本語の「勉強する」という意味はまったくありません。いまの中国語で「勉強」というのは、「無理をする」という意味です。これは日本語でも、例えば「奥さん、今日は勉強しときますさかい、買うておくれやす」という。その勉強です。無理してちょっと値段を下げるという……。子供も無理して勉強してるわけですから、もともとそういう意味があるんです、勉強というのは。無理して勉めている。だからいまの中国で勉強するという時、この字（勉強）はまったく使いません。「学習」という言葉を使います。

「習」という字は「羽」がありますように、鳥の雛《ひな》が飛び立つ練習をしているという字だというのが、一般的な説明です。くり返しくり返し学んだことを頭の中で反芻《はんすう》する。それが「習」です。それが「学」と「習」の関係です。「習」の「羽」の下の「白」という字は何かということで、漢字の分析をしだすともう大変なことになる。人によって説が違うものですから。漢字というのは、作った人が説明を全然加えていない、コメントなしに作ってある。したがって、あとで学者があれこれ想像するわけです。そうすると学者によって想像の仕方が全然違うんです。「白」という字も、なぜこんなところに「白」がでてくるのか。この「白」は、じつは元は「自」だったんだという説明で、「自ら」という意味だという説があったりするわけです。「白」そのものについても、白川静先生の『字解』を見てみると、この「白」は骸骨である、肉が落ちてまっ白になったしゃれこうべのことを「白」というと説明してあります。ところがほかの学者の説によると「白」は親指の形だ。もう一人の説によると、「白」というのは豆だというんです。有名な学者の説が全部違うんです。いま言ったのは、藤堂明保という東大の先生と、もう一人はもっと前の加藤常賢という、やはり東大の先生ですが、三人三様で違うんです。豆説と親指説と骸骨説とあります。

そこで私はいじわるだから、そうしたら「百」は、なぜ「白」に「一」を足して百になるんだと聞いてみたくなる。そうすると三人の先生は、すでに「白」の説明をしてしまっているものだから、豆に一だからと、そこの説明をいろいろして、それで百だと（笑）。しゃれこうべに一、それで百だと。全部説が違うんです。だから読んでる分には面白いんですけれども、なかなか定説というのはないと考えた方がいいのではないかと思います。だから漢字の説明は眉唾で聞いた方がいいと思います。この「習」も、本当に羽で練習してるのか、甲骨文字でどうなっているかということから考えていくと、なかなかそう簡単には結論は出ない。ただ、子供に教えるときには教えやすいですね。子供は喜びますからね。

勉強はときどきでよい？

それから次に、「学而時習之」という、その「時」です。ぼくはべつに漢字学者ではないんですけれども、言葉については大変興味があります。「時」という言葉は、じつは日本語と中国語では違うんです。漢詩を読んでいると、「時時」という言葉がよくでてきます。これは日本語では「ときどき」ですけれども、中国語では「いつもいつも」、「しょっちゅう」です。「ときどき」はどういうかというと、「時」というんです。「時」一字です。それから「処」という字も同じで、「処」という一字だけで、「ある場所」という意味です。「処処」と書くと、日本語では「ところどころ」

ですけれども、中国語では「いたるところ」です。これは「春眠不覚暁　処処聞啼鳥」の、あの「処処」ですから、「あちこちから」という意味です。

そうだとすると、「時習之」というのは「ときどき勉強する」で、しょっちゅう勉強するわけではない、ということになりますね。それについては、宮崎市定先生という中国史の専門家の（九十四歳で先年亡くなりましたけれど）、『論語の新しい読み方』という本に書いてあります。これは岩波現代文庫の一冊で出ています。そこで大変奇抜といったら失礼だけれども、いろいろ新しい説を提唱しておられます。「学而時習之　不亦説乎」という最初の部分について、宮崎先生の説明をそのまま読み上げますと、

> この第一節の「学んで習う」とは、抽象的にはすぐ理解できるが、しかし具体的にはいったいどういうことをしたのであろうか。今日なら教科書で学んだり、ノートを取ったりした所を、あとで引き出して復習するのだが、古代中国での勉強法も果して同じであろうか。それなら何故に「時を以て」復習する必要があるのだろう。むしろ不時に、時を定めずにすべきではなかろうか。

と。「不時」は「しょっちゅう」ということですが、ときどきではなくて、しょっちゅう勉強しないとあかんのと違うかと。

これについて参考になるのは（司馬遷の）『史記』の「孔子世家」（孔子の伝記です）の末に司馬

遷当時のこととして、「諸生、時を以て礼を其の家に習う」とある一句である。これは漢代の諸生が、孔子生存中に行なわれたことをそのまま繰り返したことと思われる。孔子はもともと礼の師であった。礼とは大にしては朝廷の国家的な大儀式から、下は郷党、個人の家における吉凶祭喪の儀礼を含み、これには常に音楽が伴う。その礼を助けて俸給、あるいは謝礼を貰うのが学徒の生活手段であった。そこで論語本文にいう学習の対象は、実際には礼であった〔礼を学んだ〕と見て差支えない。次に習には習《しゅう》武《ぶ》という用法が示すように、総ざらえの意味がある。京都の「みやこ踊り」〔これが出てくるのが、この先生の面白いところですが〕は地元の祇園では温習会というのだそうである。すると、時にこれを習う、とは、期日をきめて弟子たちが総出で、温習会を開くことになる〔ここで先生は芸者の姿を思い浮かべているんだと思いますが〕。たしかにこれは孔子学園のもっとも楽しい行事だったのであろう。

なるほど、なるほど（笑）。「時に」というのは「しょっちゅう」ではない。そこに面白味があるという感じです。

それから「不亦説乎」の「亦」というのは、この場合は「不亦」で、「亦不」というのとちがいます。「不亦」は、ほかのことも面白いけれどもこれもまた面白いという意味かというと、そうではないんです。「亦不」になっていたら、サッカーも面白いけれど勉強も面白いという「亦」です。ところがこの場合、「亦」が「不」の下にきています。漢文というのは、上の言葉が下の言葉を支配するという関係になっています。この場合の「亦」は、あれもまた、これもまたではなくて、「まことに」という副詞であるといわれています。まことに面白いことではなかろうか。

それから「よろこばしい」という言葉に「悦」でなく「説」の字を使っています。いまの日本人が気になるのは、なんでこの字を「よろこぶ」と読むのか。「よろこぶ」だったら「悦」と違うかということになりますが、じつは『説文解字』を開いてみると、「悦」という字はないんです。ということは、まだできていない。孔子はそれよりさらに六百年も前の人ですから、もちろん孔子の時には「悦」という字はなかったんです。それで発音がほぼ同じである「説」が、説明の「説」という意味と「よろこぶ」という意味の両方を兼ねた字です。漢字が少ないあいだは、そういうふうに一つの漢字が、(例えばこの前言いました、「女」という字を「なんじ」と読ませるのと同じで)、二つの役割をしていたと考えられます。最後の「乎」は疑問詞です。

漢字は時代を超えた共通語

以上が『論語』の最初の文句の説明ですが、これはじつに、いまから二千五百年も前の文章です。ヨーロッパの場合、二千五百年前の文章がいまの言葉の知識で読めるか。絶対に読めないですね。例えば英語の場合でも、シェイクスピアの英語でさえいまの英語の知識では読めないんです。ぼくはよく知りませんけれども、ドイツ語でも、いまから数百年前のドイツ語はいまのドイツ語とかなり違う。ところが中国語は、しゃべる言葉は別ですけれど、少なくとも文章語は、要するに清朝の文章語と、二千四百年前の『論語』の文章語がほとんど変わっていないんです。『詩経』というのはさらに古くて、いまから三千年前に詠われた中国の詩です。それが「碩鼠碩鼠　莫食我黍」と、辞書を引かなくてもわかるようになっているのはなぜか。それは漢字というものが共通語の役割を果たしているからです。数字の一、二、三を書きますと、日本人と中国人にはわかります。一、二、三という漢字は、日本人と中国人の共通語です。しかしこれはイギリス人やロシア人にはわからないですね。ところが1、2、3と書くと、イギリス人にもロシア人にもわかります。日本人にもわかるし朝鮮人にもわかる。そうするとこれは万国共通語ということになります。

じつは漢字というのは、地域ももちろんですけれども、時代を越えた共通語として生き残っているわけです。中国語の発音はひどく変化して来ています。またいまの上海の発音と北京の発音は全然違うから、とてもじゃないけれど言葉が通じないぐらい、外国語みたいに違ってしまっているけれども、字で書いてみるとほとんどいっしょなんです。上海語と北京語は数字の一、二、三の数え方が全然違っている。広東へ行ったらもっと違います。ところが広東と上海と北京の中国人に字を書かせたら、一、二、三と同じ字を書くんです。読み方は違っていて、だからその(音の)部分はずっと変化してきているわけです。ただ、書き方はいっしょで、それが共通語として伝わってきているので、漢字そのものはあまり変化してない。だいたい漢代ですから、いまから二千二百年ぐらい前からいまの漢字の形になって、変化してない。二千二百年前の漢字といまの漢字はいっしょですから、漢字そのものが共通語なんです。

そのことも関係あると思いますが、例えば、「有朋自遠方来」という、これは当時の話し言葉からはちょっと離れた文語だろうと思います。『論語』の言葉は、たぶん当時しゃべられた言葉そのものではないだろうと思われるのは、現代中国語と比べてみるとわかります。これを現代中国語に訳しますと、「有朋友自従遠遠的地方来」となりまして、要するに一字の言葉が、二字の言葉に延びています（朋→朋友、遠→遠遠）。全部が全部そうではありませんけれども……。それは何故かというと、話し言葉と書き言葉の違いだと思います。耳で聞くから一字ぽつんと言われても、何のことかわからないので、二字に延ばす。だからいまの中国語は二字の組み合わせの言葉が多いんです。たった一字の言葉は非常に少ないです。それは耳から聞く言葉だからです。「朋」というのは二字になって、「自《より》」というのが二字になって、「遠」は、いまは「遠」を二つ書きます。一字ではあかんのです。そして間に何々「の」という言葉が入って、場所の「方」というのも二字、「地方」です。全部が全部こういうふうに文語と口語が対応するわけではありませんけれども、原理的な対応はこうなります。

「学ぶ」は外から、「思う」は内から

次に、さきほど提起しました、「学」と「思」という言葉について、これは『論語』ではかなり重要なテーマのようですので、ちょっとだけ取り上げてみたいと思います。

次の図版についてちょっとご説明しますと、右側が白川静さん（『常用字解』平凡社）、左側が加藤常賢さんと山田勝美さん（『角川字源辞典』角川書店）から抜き書きしてあります。

「学」という字をどう説明しているか。これは違うところがいろいろあって面白いんですが、説明すると時間がかかるのでやめておきます。この前、「女」という字の説明をしましたが、これは大変わかりやすくて、左側の加藤、山田両氏の説明では、この前言ったように、まず最初に「意味」のところで、「やわらかくくねくねとしたおんな」と書いてあります。そして後の「字形」のところで、「人がひざまずいて両手を前に交えて身体をくねくねさせている形を表わす象形字」。――ほんとうは、ではなかろうかと書いておけばいいんですが（笑）、辞書でいちいち推測だと書きだしたら切りがないですからね。断定しています。ところが白川先生の方は、真っ向から違うんです。「解説」のところで、「象形。跪いている女の人の形」ここまではいいです。「手を前で重ねて、うやうやしく霊所を拝んでいる形である」。くねくねしてないというんです。その後、五行

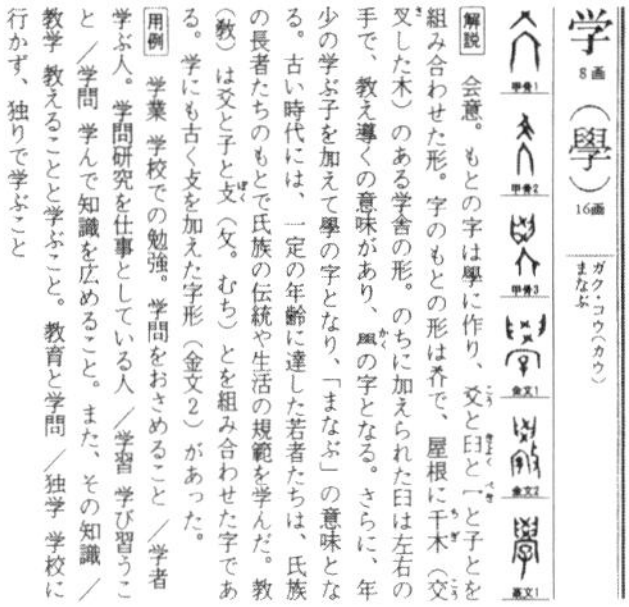
学 8画 （學） 16画 ガク・コウ（カウ） まなぶ

甲骨1 甲骨2 甲骨3 金文1 金文2 篆文1

解説 会意。もとの字は學に作り、爻《こう》と臼《きよく》と冖《べき》と子とを組み合わせた形。字のもとの形は爻で、屋根に千木《ちぎ》（交《こう》叉《さ》した木）のある学舎の形。のちに加えられた臼は左右の手で、教え導くの意味があり、𦥯《かく》の字となる。さらに、年少の学ぶ子を加えて學の字となり、「まなぶ」の意味となる。古い時代には、一定の年齢に達した若者たちは、氏族の長者たちのもとで氏族の伝統や生活の規範を学んだ。教（敎）は爻と子と攴《ぼく》（攵。むち）とを組み合わせた字である。学にも古く攴を加えた字形（金文２）があった。

用例 学業 学校での勉強。学問をおさめること ／学者 学ぶ人。学問研究を仕事としている人 ／学習 学び習うこと ／学問 学んで知識を広めること。また、その知識 ／教学 教えることと学ぶこと。教育と学問 ／独学 学校に行かず、独りで学ぶこと

白川静『常用字解』（平凡社）より

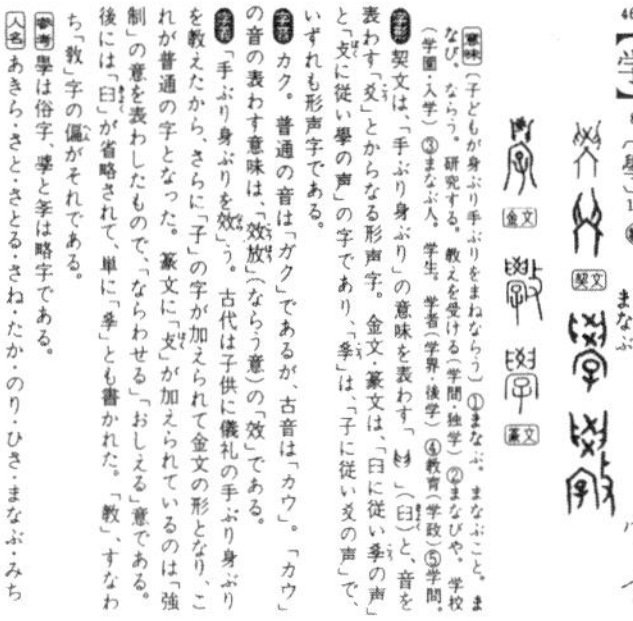
468 【学】 8 （學） 16 教 カク漢 ガク呉 まなぶ 学 学

契文 金文 篆文

意味 （子どもが身ぶり手ぶりをまねならう）①まなぶ。まなぶこと。まなび。ならう。研究する。教えを受ける（学問・独学）②まなびや。学校（学園・入学）③まなぶ人。学生。学者（学界・後学）④教育（学政）⑤学問。

字形 契文は、「手ぶり身ぶり」の意味を表わす「臼」（臼《きよく》）と、音を表わす「爻《こう》」とからなる形声字。金文・篆文は、「臼に従い斈《こう》の声」と「攴《ぼく》に従い學の声」の字であり、「斈《こう》」は、「子に従い爻の声」で、いずれも形声字である。

字音 カク。普通の音は「ガク」であるが、古音は「カウ」。「カウ」の音の表わす意味は、「效放《こうほう》」（ならう意）の「效」である。

字義 「手ぶり身ぶりを效《なら》う」。古代は子供に儀礼の手ぶり身ぶりを教えたから、さらに「子」の字が加えられて金文の形となり、これが普通の字となった。篆文に「攴《ぼく》」が加えられているのは「強制」の意を表わしたもので、「ならわせる」「おしえる」意である。後には「臼《きよく》」が省略されて、単に「斈」とも書かれた。「教」、すなわち「敎」字の偏《へん》がそれである。

参考 學は俗字、斈と斈は略字である。

人名 あきら・さと・さとる・さね・たか・のり・ひさ・まなぶ・みち

加藤常賢・山田勝美
『角川字源辞典』（角川書店）より

目ぐらいのところに、「女の字には女子が男子に隷属させられていた男尊女卑の時代の思想が反映されているのであるという解釈は誤《ちが》っている」といっているんです、はっきり。これはうやうやしい形であって、くねくねと違うというんです。それがくねくねであるか、うやうやしいのかは、この字を作った人に聞いてみないとわからない（笑）。それを学者たちは、わが説はこうであるということであればいいんですけれども、きわめて断定的に決定説のようにいわれるから……。面白いけれども、信じてはいけない。

白川先生の説は、学問の深い人だからぼくらにはわからないけれども、シャーマニズムとかそういうものにのめりこみすぎているのと違うか、漢字の説明をそれに引きつけすぎているのと違うのかと思われる所があります。古代だからそういうことがあったことは事実でしょうけれども。

本題に戻りまして、プリントの3番です。

子曰、学而不思則罔。思而不学則殆。（為政篇、四二頁）

■子曰く、学びて思わざれば則《すなわ》ち罔《くら》し。思いて学ばざれば則ち殆《あやう》し。

「殆」は、「危殆《きたい》に瀕《ひん》する」という言葉がありますが、あぶないということです。大変短い文章ですから、いろんな訳の仕方があるわけですけれども、岩波文庫の訳では（四二頁）、

先生がいわれた、「学んでも考えなければ、〔ものごとは〕はっきりしない。考えても学ばなければ、〔独断におちいって〕危険である。」

注がついていて、「学んでも——学とは本を読み先生に聞く、外からの習得をいう」と。「危険——新注による（これは朱子の説によっている）」とありまして、王引之という清朝の学者は、「殆《まど》（疑）うと読む」と注しておられます。古来いろんな説があるわけです。

『論語』の中で君が一番好きな言葉は何かと、よく人に聞かれるんです。『論語』を読んでいるというと、あなたたちもたぶん人から聞かれると思うんです。『論語』を読んで、どの言葉が一番よかったかと。ちょっと用意しておいた方がいいと思いますね（笑）。ぼくはこの言葉が大変好きなんです。それは自戒を込めてなんですけれども。

金谷説と吉川説を比較してみると、そう変わりはないんですけれども、

〈金谷説〉　〈吉川説〉

学	外からの習得	読書
思	考える	思索
罔	はっきりしない	混乱
殆	危険	独断―不安定

「学」ということについて、金谷先生は、外からの学習だと。ということは、逆にいえば「思」というのは、内からの活動となると思います。そして吉川先生ははっきり読書ということに限定しておられます。これは中国の学問についての吉川説というのがあるわけで、中国ではインテリのことを読書人といいます。知識を得る基礎は、要するに本を読むということだと。学ぶということは本を読むことだという考え方が非常に強いですね。それはある程度そうだと思います。それから「思」ということについては、金谷先生は「考える」、吉川先生は「思索」という言葉を使う。ちょっとニュアンスが違うと思います。「罔《くらい》」ということについて、金谷先生は「はっきりしない」。それに対して吉川先生は「混乱を生ずる」といっています。「殆《あやうい》」ということについて、これは金谷先生は常識的に「危険」といっているんですが、吉川先生は「独断におちいって、不安定だ」と。なかなか面白い解釈だと思います。そういうちょっとしたニュアンスの違いが二人の学者の、それこそ学習の態度に対する違いが現れていて面白いと思いますね。

はっきり言えることは、「学ぶ」ということは外からの習得、吸収で、「思う」ということは内面からの活動、自発。この二つのことを対立させて、両者を兼ね備えてないときわめて不十分であるということ。別の言葉でいえば、受動と自発という、その二つのことがないと、一方だけでは人間として不十分であるということをいっているのではないかと思います。これが「学」と「思」ということです。

学業と就職

その次はプリントの4です。「学」と「仕」といっていいかと思うのですが、ぼくが面白いと思うのは、いまの言葉でいえば、学業と就職の関係です。学問をしたらいい職につけるか。いい大学へ行けないといい仕事にはつけないという、いまでは常識になっていますけれども、そのことについて孔子はどう考えたかということが一つと、もう一つは学問を考えるときに「仕」ということ、すなわち上司に仕える、あるいは役所に勤めるという、そういう実生活の問題と学問とを結びつける。昔の学者ならこんなことはいわないと思うんです。でもそこが孔子の面白いところで、一種のプラグマティズムのようなものが孔子にはあった。プラグマティズムについては、あとで申し上げますけれども、そういう面があるのではないか。それを別の言葉では現実主義といってもいいと思います。

子夏曰、仕而優則学。学而優則仕。

（子張篇、三八四頁）

▬ 子夏曰く、仕えて優なれば則ち学ぶ。学びて優なれば則ち仕う。

「子夏曰く」というのは、これは孔子の言葉ではない。孔子の弟子の中では一番才走った男の一人ですけれども、子夏という人物がいうには、岩波文庫三八四頁、金谷先生の訳では、子夏がいった。「官について余力があれば学問し、学問して余力があれば官につく。」と。「余力」というのがわかりにくいですね。仕えるということは役人になるということで、それから「優」というのが、吉川先生の説もそうなんですが、「余裕ができれば」と訳していますけれども、この二つの関係、両立・併存について、少なくとも分離せずに考えたというところが面白いとぼくは思うんです。ただしこの二つの解釈は大変むずかしいと思います。その内容説明として、プリントの（イ）を見てください。

子張学干禄。

（為政篇、四四頁）

▬ 子張《しちょう》、干禄《かんろく》を学ぶ。

これは岩波文庫四四頁、金谷先生の説では、「禄を干《もと》めんことを学ぶ」。金谷訳は「子張が禄——すなわちサラリー——（俸給）を取るためのことを学ぼうとした」と。就職するためにどんな勉強をしたらよろしいかと聞いたというんです。吉川先生の説も、「就職をするための学問をしたい」と。それに対する孔子の答が、かなり複雑なんですけれども、結論としていえば、特殊な勉強の仕方はないといってるんだと思います。金谷先生の訳だけ読んでみると、

子張が禄（俸給）を取るためのことを学ぼうとした。先生はいわれた、「たくさん聞いて疑わしいところはやめ、それ以外の〔自信の持てる〕ことを慎重に口にしていけば、あやまちは少なくなる。たくさん見てあやふやなところはやめ、それ以外の〔確実な〕ことを慎重に実行していけば、後悔は少なくなる。ことばにあやまちが少なく、行動に後悔が少なければ、禄はそこに自然に得られるものだ。〔禄を得るための特別な勉強などというものはない。〕」と。日本語としてなんだかぎくしゃくしていて、わかりにくいですね。金谷先生のはいわば直訳だからわかりにくいのはムリもないと思いますが。それにもとの『論語』がわかりにくいことも確かですけれども（笑）。

それをさらに補うものとして（ロ）、

子曰、君子謀道、不謀食。耕也餒在其中矣、学也禄在其中矣。君子憂道、不憂貧。（衛霊公篇、三一九頁）

■子曰く、君子は道を謀《はか》りて、食を謀らず。耕すも餒《うえ》は其のうちに在り、学べば禄は其のうち

に在り。君子は道を憂いて、貧しきを憂えず。

三一九頁、金谷先生の訳文は、

先生がいわれた、「君子は道を得ようとつとめるが、食を得ようとはつとめない。〔食を得ようとして〕耕していても飢えることはあるが、〔道を得ようとして〕学んでいれば、俸禄はそこに自然に得られる。君子は道のことを心配するが、貧乏なことは心配しない。」

と。ぼくは『論語』のこういう訳を読んでいて、いつも思うのは、もともとの文章がむずかしいことは確かなんですが、日本語の訳がしっくり来ないんです。その原因の一つは、例えば「道」をそのまま使っている。いまは「道」といわれても、なんのことかとなると思うんです。それをくだいていうのは大変むずかしいんですけれども、例えば真理を身につけるとか、そういうわかりやすい言葉でいってもらうといいのになと思います。吉川先生の方は、かなりその努力というのか、もともと文学者ですから、ここの訳についても、「学問は生活の手段ではないけれども、経済的幸福への要素も内在する」といっています（笑）。この訳の方がいいと思いますね。学問そのものは生活の手段にはならないけれども、しかし食えるための可能性を内在していると。うまいことといくかどうかわからないと。

それでいまの就職、飯を食うということと学問との関係については、ちょっとぼくにはとらえがたいところがまだまだあるんですけれども、孔子は学問ということの重大な問題の一つとして、就職ないしは生活の糧ということと結びつけて考えている。少なくとも無関係なこととしてつっぱねてないという、そういうプラグマティズムというか、現実主義というか、そういう考え方自身が大変面白いのではないかと、前から思っています。

そういう考え方の生まれた別の面として、そこの（八）にあげておいた言葉があります。

子曰、小子、何莫学夫詩。詩可以興、可以観、可以群、可以怨。邇之事父、遠之事君、多識於鳥獣草木之名。（陽貨篇、三五〇頁）

子曰く、小子よ、何ぞ夫《か》の詩を学ぶ莫《な》きや。詩は以《もっ》て興《おこ》す可《べ》く、以て観る可く、以て群《ぐん》す可く、以て怨《うら》む可し。之を邇《ちか》くしては父に事《つか》え、之を遠くしては君に事え、多く鳥獣草木の名を識《し》る。

孔子が学問の対象とした一番重要なものが「礼」であったことは、確かでしょうけれども、「礼」のほかに、学問の対象として非常に重要視した「詩」、これは『論語』に出てくる「詩」は全部『詩経』のこと、『詩経』の詩をさしています。一般的なポエムとかポエトリーという意味ではありません。必ず『詩経』です。それを孔子は重要視している。要するに孔子学校の五つの教科書、「五経」の『易』、『書』、『詩』、『礼』、『春秋』ですけれども、その中で教育の内容として孔子がとくに重要視していると思われるのは、『礼』と『詩』のようです。『易』については、孔子自身が勉強の対象としてまだまだ学んでいて、若者に対して呼びかけるところまでいってないように思います。

あるいは（三）のような文章。

陳亢問於伯魚曰、子亦有異聞乎、対曰、未也、嘗独立、鯉趨而過庭、曰、学詩乎、対曰、未也、曰、不学詩無以言也、鯉退而学詩、他日又独立、鯉趨而過庭、曰、学礼乎、対曰、未也、不学礼無以立也、鯉退而学礼。〔以下略〕

（季氏篇、三三七頁）

陳亢《ちんこう》、伯魚に問うて曰く、子《し》も亦た異聞ありや。対《こた》えて曰く、未《いま》だし。嘗《かつ》て独り立てり。鯉《り》趨《はし》りて庭を過ぐ。曰く、詩を学びたるか。対えて曰く、未だし。詩を学ばずんば、以て言うこと無し。鯉退きて詩を学ぶ。他日又た独り立てり。鯉趨りて庭を過ぐ。曰く、礼を学びたるか。対えて曰く、未だし。礼を学ばずんば、以て立つこと無し。鯉退きて礼を学ぶ。〔以下略〕

孔子が縁側に立っていたら、庭先を鯉《り》が走っていった。なんで庭を鯉《こい》が走っているのかとびっくりするんですけれども、鯉というのは息子の名前で、鯉《り》です。まだ幼い息子が走っていったので、孔子が呼びとめて、「お前は詩の勉強したか」と。「まだやってません」、「未《いま》ダシ」と答える。するとオヤジは、勉強しないといけないと説教する。次の機会に、同じように庭を横切ろうとした幼い息子に対して、「お前は礼を勉強しているか」。「まだやってません」。この息子、あまり勉強してないですね。弟子たちもそうなんですけれども、なかなか学校の教科書を、いまの学生も読みませんけれども、孔子学校でもなかなか弟子は教科書を読まなかったみたいで、さきほどの（ハ）がそうなんです。

『論語』は口頭弁論

（ハ）のような文章を読むと、『論語』には対句が多いことがわかります。ここでも「可以興」、「可以観」、「可以群」、「可以怨」と四つ、一字ずつ違うだけです。

これはじつは『論語』だけでなくて、諸子百家の『墨子』や『韓非子』も全部そうなんです。その理由は何かというと、これらは著述ではないんです、諸子百家の文章というのは、もともと口頭弁論です。口頭弁論を文字になおした。それらはまあいうと、各諸国の王に向かって就職運動のためにやった演説なんです。私は天下を治めるのにこういう説をもっているとか、人生を楽しむのにはこういう考えがあるとかいうことを、王様にしゃべるわけです。それで私を採用してくれませんかということになるわけです。採用する側の王様はというと、中には賢い人もいますけれども、だいたいぼんくらな人が多いわけです。で、むずかしいことをいってもわからない。そのために二つの方法を用いる。一つはわかりやすいリズミカルな、耳に入りやすい言葉をしゃべる。もう一つはたとえ話をやる。たいていの王様は、山の上に三本足のカラスがおってな、というようなことを言いだすと、ぱっと耳を傾けるわけです（笑）。そういう手段をふんだんに用いているのが諸子百家の文章です。『論語』は相手がだいたい弟子だから、あまりたとえ話は出てこないんですけれども。諸子百家の文章は中国音で読んでみると、すごく調子がいいわけです。耳に入りやすいんです。

詩の重要性

先の文（八）の意味はどういうことか。金谷先生の訳を読んでみます。

> 先生がいわれた、「お前たち、どうしてあの詩というものを学ばないのだ。詩は心をふるいたたせるし、ものごとを観察させるし、人々といっしょに仲よく居らせるし、怨みごともうまくいわせるものだ。」

これもちょっとわかりにくいですね。

「近いところでは父にお仕えし、遠いところでは君にお仕えする〔こともできるそのうえに〕、鳥獣草木の名まえをたくさん覚えられる。」

最初の「小子」というのは「学生諸君」ということです。中国語の「小」は、年が若いということです。ですから小女というのは、日本語では「こおんな」ですけれども、中国では年のごく若い女のこと、あるいは兄弟姉妹の中の一番下の娘、末娘のことを小女といいます。「小子」というのは、「子」というのは男ですから、若い男の子が「小子」で、ここは若者たちよと呼びかけているのです。「若者よ、体を鍛えておけ」という歌が昔ありましたけれども、あの「若者よ」です。「若者よ、どうしてあの詩経の詩を勉強しないのか」。お前ら教科書読まへんなと怒っているわけです。詩を読んだらどんなありがたみがあるか、ということを次にいっています。

「以て何々す可し」というのは何々できるということですが、「興す」というのは、これは金谷先生の説のとおりで、精神を奮い立たせる、精神振興の「興」、文芸復興の「興」です。立たせるわけです。だから「朝も元気だ、タバコがうまい」みたいなもので、これを読むと元気になると(笑)。そして「観」は観察です。観察力を養う。文学の勉強をしたらものがよく見えてくるよと。それから「群」というのは群れをなすということで、社会生活です。社会生活をいとなむうえでプラスになるよと。社会のなかで生活する知恵がつくよといっているんです。最後の「怨」は、うらめしいの「うらむ」ではなくて、世の中に対する批判ということです。中国では昔から怨みの詩というのがありまして、一つは女性が男性に対して怨む、そういう詩がたくさんあります。それとは別に、世の中の仕組み、ないしは仕打ちを怨む。それが「怨」の字の本来の意味です。「恨」もそうで、うらめしいというのではなくて、社会の仕組みの不合理さ、不条理さ、そういうものに対する批判の目が養われるよというのが、「怨」という意味だと思います。

「詩」というのは、要するに文学ということで、もちろん当時ですから、道義的な意味が含まれていると思いますけれども、要するに文学作品を読めば、元気になるし、よくものが見えてくるようになるし、社会生活に溶けこめるようになるし、批判精神を養うことができる。そういう四つのことをいっているわけですが、それだけではないと。これを「邇《ちか》くしては」というのは、身近なことでいえば、「父に事える」。父に対してどういう態度をとるかということを教えてくれるし、それからもっと遠大なことでいえば、国家的な規模でいえば、文学の勉強ということが君主に仕える仕え方、その方法を教えてくれると。

そこでいったん切れて、最後は、そういうことは別にして、これを読めば知識が増えるよといっています。『詩経』には草の名前、木の名前、鳥の名前、獣の名前がいっぱい出てくる。確かにそうなんですけれども、それがわかるといっているんです。これはぼくなんかが読むと、なんという文学論かと思うんですね（笑）。きわめてプラグマティックです。文学を読めば人間的情緒が養われるとか、そういうことは全然言わないんです。役に立つよ、役に立つよとばかりいっているんです。だから孔子というのは、やっぱり教育者ですなという感じがぼくにはするんです。孔子は当時の平均的思考みたいなものを代表している面があると思うんです。文学に対するプラグマティックな考え方というのは、当時やはりそのバックに普遍的なものとしてあったのではないか。だからそういう説教をしたら受け入れられていくような地盤があったのではないかと思うんです。何いってるんだ、あのおっさん、というような、そういう雰囲気はたぶんなかったと思います。

「学」について自叙伝として述べる

次に、孔子には有名な自叙伝があります。「吾十有五而志学」という、あの中で「学」ということをどういっているか。それが孔子と「学」を考えるうえで、かなり重要な一つのポイントになると思うんです。このプリントの5番は、皆さんもよくご存じの言葉です。

吾十有五而志乎学、三十而立、四十而不惑、五十而知天命、六十而耳順、七十而従心所欲、不踰矩。（為政篇、三五頁）

吾、十有五にして学に志し、三十にして立ち、四十にして惑わず、五十にして天命を知る、六十にして耳順《したが》い、七十にして心の欲する所に従いて、矩《のり》を踰《こ》えず。

この「有」というのは「又」という字と発音が近い。「その上また」ということで、十の上にまた五つというのが「十有五」ですから、十五歳です。この文章にもいろんな解釈があって、短い文章ですから、なんとでも解釈できるんだけれども、例えば「四十而不惑」とは、どういうことか。私は四十の時にめちゃくちゃ惑ったという人は多い。しかしこの文章全体は、主として学問上のことをいっているんです。まず十五歳の時の「学」からはじまっている。一貫して「学」のことをいっているのではないか。「四十而不惑」というのは、女のことで迷うことはなくなったと、そんなアホなことはありえないんです（笑）。だからそうではなくて、学問の道でだいたい方向は立ったと。この道をゆくということがわかったという意味ではないかと、ぼくは思います。私は十五の時に学問に志した。遅いな、私は十の時に塾へいってたぞ、という反論があると思うんですが、この場合の「学」というのは、そういう意味のことではないと思います。やはり一貫した学問、そういうことをいっていると思います。十五の時に私の一生は学問で立とうと。ということは、ものを学んでそれを人に伝えるという仕事だと思うんです。研究者という意味ではないと思います。

そして「三十而立」。これも遅いな、と思われる。三十で立つというのは、桂三枝にいわせれば、三十になった時、わしは家を建てたと（笑）。もちろんそうではないですね。この場合も、やはり学問上、自立できるようになったと。そして四十になったらもはや惑いはなくなった。そして「五十而知天命」。「知天命」というのは、私は吉川説が大変示唆的だと思うんですけれども、「命《めい》」というのは、運命というのが普通です。だからその解釈が多いですね。五十になったら、自分の運命はこういうものだということがわかったというんですけれども、吉川説によれば、「命」というのは運命だけでなくて使命でもあると。自分はこういうことをやるべき人間なんだという使命、それが私の天命だということをさとったと。運命というと受け身のことになります、もうこれで仕方がないという。それに対して使命といえば、積極的なことになりますね。そういう両面を合わせもって、要するにこういうことをやるべきだというのが私の生きる道だという、そういうことを五十にしてはじめてわかったと。

それでこの文章からとって、三十歳を「而立《じりゅう》」、四十を「不惑《ふわく》」、五十は二字にちぢめて「知命《ちめい》」といい、六十にして「耳順《したが》う」と。「耳順《じじゅん》」というのは、相手のいうことをすなおに聞けるようになったということです。「順」というのは、相手のいうとおりにするというのではなくて、相手のいうことがすなおに耳に入るようになった、受け入れられるようになった。これも学問上のことに近いのではないかと思いますが、そして七十だけがなぜか複雑なことが書いてあって、心の思うままに行動しても世間的な枠みたいなものからはみ出ることがなくなったと。そういっているようです。「矩《のり》」、そういう枠、そういうものを飛び越える奇矯な行動にならなくなったと。若いころは思うままに行動すれば、枠からはみ出るような行動になってしまったけれども。孔子は七十過ぎで死にますので、残念ながら八十のことは書いてないですね。八十のことを聞きたかったと思いますけれども。だからここで最初にいったように、一貫しているテーマはやはり「学問」ということではないかと思います。あるいは人生一般のことも、その中に含んでいるのかもしれませんけれども、どうも『論語』のテーマの重要な一つ、あるいは孔子の人生の重要なテーマの一つであった「学」ということについて、自叙伝として述べているのではないかと思います。

ぼくは「中国における自叙伝の歴史」という短い文章を書いたことがあるんですけれども、だれでもぱっと思いつくのが、司馬遷の自叙伝、『史記』の巻第百三十、全部で百三十巻ありますので、その一番最後に「太史公自序」というのがでてきます。「太史公」というのは、「太史令」という役職をもっている人に対する敬意をこめた呼び方です。ところがその太史令になったのは、司馬遷自身です。だから自分のことを敬意をもって呼んでいるということは、これは一人称の自叙伝ではなくて、三人称の自叙伝です。自叙伝といったら、もちろん一人称が普通ですが、考えてみれば、フィクションとしては、例えば二人称の自叙伝も作れるし、三人称の自叙伝もできるわけです。これは三人称の自叙伝だというのが面白いところです。

この「序」という字は「叙」と発音がいっしょなんです。それで「自叙伝」は普通こう書きますけれども、この「叙」を使わないで、「序」という字を司馬遷を使っているんです。それはなぜかというと、これは『史記』百三十巻の序文です。後書き、後序です。だから『史記』という本の序文であると同時に、司馬遷自身の自叙伝です。それはどういうことかというと、司馬遷は文字どおり、ライフワークとして自叙伝を書いた。ぼくらみたいにたくさん本を書いたらあかんのです。一生に一つしか本を書いてない。だから己の人生を語れば、『史記』の話になるし、『史記』のことを書けば自分の一生を辿ることになる。だから自叙伝イコール本の序文と、こうなるんです。ぼくらは本を書いて、簡単に後ろに序文を書いていますけれども、あんなちゃらちゃらしたものと違うのです。要するに命を懸けた一生の自叙伝です。それで非常に内容的には充実したもので、いわば形の整った、中国で最初の自叙伝です。その後、自叙伝はたくさん書かれていますけれども、しかし司馬遷の「太史公自序」以前の自叙伝の典型が、大変短いけれども孔子の自叙伝です。これが中国における自叙伝の第一号だと思います。そういう点で大変面白いです。

このごろ「自分史」というのが流行っていまして、よく自費出版で自分史をだす人がいます。それは大変けっこうなことですけれども、自分史を書くというのは、その根底に、悪い言い方をすれば、自己顕示欲がある。よい言い方をすれば、一つの言葉ではちょっといいにくいけれども、要するに自分という人間は他の人と違うところがある、他人とまったく同じではないと。こういう特色を自分はもっているということを、人に対して告白するわけです。告白する。それは顕示欲を示すことになりますけれども、だれでもそういう欲望はもっている、あるいはそういう自覚はもっている。私は特別な人間だと思っている人はあまりいないと思うけれども、他の人とは違う、ある独特の人生を歩んできたという、この自覚というのか、自我というのか、そういうものがはっきりしないと、自叙伝というものは書かれないでしょう。

その一番最初の現れが孔子だったというところが、ぼくは大変おもしろいと思います。わしはほかの人と違って、十五の時にこうして、七十になってこうだったと。そこでいばっているのか、自責の念に駆られているのか別として、こういうことを『論語』の中で告白しているのは、大変面白いことだし、しかもそれの一番最初の出だしが「学」ということではじまっているというところに、孔子の自叙伝の特徴があるのではないかと思います。

『老子』の「学」

では、儒家と対立した老荘思想の主である老子は、「学」についてどう考えていたか。これは『老子』全体を読まないといけないわけですけれども、その中で特徴的なこととして、『老子』第二十章から、

絶学無憂。唯之与阿、相去幾何。善之与悪、相去何若。

「絶学無憂〔学を絶たば憂いなからん〕」。これはぼくが十数年前に大学を停年退職した時に、私流に、「大学辞メレバ呑気《のんき》ニナルゾ」と訳したわけです（笑）。ほんとうは全然呑気にならなかったけれども……。しかしそういう実態に合わないということだけでなくて、この文の解釈としては、あとで説明しますように、私の訳はまったくまちがっているんです。でもまちがっていることがわかっていながら訳したんです。その次が、「唯之与阿、相去幾何」。これも四字句です。『老子』はとくにそうなんですけれども、四字句を並べるんですね。

『老子』に、「大器晩成」という言葉があります。これは普通、あの子は大器晩成型だから、いまはあかんけれど将来は、と希望をもたせるわけです。『老子』を読んでない人はそういうんですが、もし読んでいたら、恥ずかしくてそんなことはいえないはずです。それはこういう四字の言葉が並んでいる中の一つなんです。「大方無隅、大器晩成、大音希声、大象無形、……」、「大方《たいほう》隅《すみ》なく、大器晩成、大音声希《こえまれ》に、大象《だいしょう》形なく、……」というものです。「大方」は「大きな方形」で四角です。あまり大きすぎて隅《すみ》、角《かど》がない、どこへいったら角があるのか、円みたいなものです。それからあまりにも大きい形は形がない。大きすぎてどんな形かわからない。また、でかい音はでかすぎて聞こえない。これらに合わせて考えれば、大器晩成というのは、あまりにも大きい器を作ると、いつまでたってもできあがらない（笑）。成ること遅し。遅しは確かなんですけれども、ほとんど永遠に近い遅さだろう。ほとんどゼロに近い、「晩」はほかの句の「無」と対《つい》になっているんです。でも中国でも、後世になるといまのような使い方、解釈にだんだん変わってくるんですけれどもね。こういう対句で、しかも四字句で、まるで詩みたいに並んでいるのが『老子』の文章です。

　ところで「絶学無憂」の「学」は、前後を読んでみると、儒教の学をさしているのです。孔子と対立した老荘思想の人たちが「学」というのは、儒教の学問のことで、それを読んでみると、煩瑣なことがいっぱい書いてあると。その証拠として、「唯之与阿、相去幾何〔唯《い》の阿《あ》与《と》、相《あい》去ること幾ばくぞ〕」と説明している。「唯」というのは「はい」という返事です。当時の言葉を写したんだと思うんですけれども、「唯」というのは丁寧な返事です。それに対して「阿」というのは「うん」という返事です。「あなたはこう思いませんか、はい」。それに対して、「あなたはこう思いませんか、うん」。無礼な答です。でもそれはほとんど同じと違うか。「相去幾何」。儒教では一生懸命礼儀作法を教えていて、「はい」と言わないで「うん」といったらいかんという。いまでも母親はよくいうでしょう。そんなことをいっても、「イエス」といっている点ではいっしょだというのが老子の意見です。次は「善之与悪、相去何若〔善の悪と、相去ることいかん〕」善も悪もいっしょではないかと〔笑〕。だからそういうことを教える〔儒教の〕学問と無縁になると、心配事はなくなるぞというのが「絶学無憂」。こせこせしなくてもよいというのが老子の教えです。

漢音と呉音の見分け方

老子《ろうじ》とはいわないんですか。

大昔の人はそういいましたね。孔子のことは孔子《くじ》といったんです。漢音は「こうし」だけれど、呉音は「くじ」なんです。孔雀《くじゃく》も仏教に関係があって「く」でしょう。呉音なんです。非常に古いものの呼び方は呉音なんです。これも前にいったかと思いますが、桓武天皇の時（七九三年）に詔勅を下して、以後、漢籍を読むものは漢音で読めと。呉音で読むなという詔勅を下すんです。これはふざけた話ですけれども、詔勅を下した桓武天皇は、漢音で読めば「かんぶ」天皇になる。自ら「かんぶ」天皇と呼ばせたかどうか知らないけれど……。例えば、「無」という字も「ぶ」と「む」という読み方があるでしょう。これは大変わかりやすくて、「m」ではじまるのは呉音なんです。「b」ではじまるのが漢音です。「莫」も「ばく」と「まく」。たくさんあるんです。これは見分けやすいでしょう。

漢音と呉音を見分ける方法のもう一つ。前にも言いましたように、仏教用語が呉音で、詔勅用語は漢音で今もがんばっているんですね（笑）、「漢音で読め」と言った桓武天皇の子孫だから。「教育勅語」も全部漢音で読ますんです。「兄弟《きょうだい》」と読まない、「兄弟《けいてい》」と読むでしょう。「けいてい」は漢音で、「きょうだい」が呉音です。「兄弟」に関しては呉音の方が通用しているんです、いまの日本では。「上下《しょうか》心を一にして」というでしょう。「上下」は「じょうげ」が呉音で、「しょうか」が漢音です。「一」も「いち」が呉音で、「いつ」が漢音。詔勅にでてくる漢字は漢音で読ませる。それから仏教用語、文殊《もんじゅ》の知恵の「文」とか、文覚《もんがく》聖人の「文」とか、文学《ぶんがく》でなくて「もんがく」、mではじまるのが呉音なんです。bではじまる「文学《ぶんがく》」の「文」は漢音です。

そういうことでいうと、「按摩《あんま》上下《かみしも》十六文」は仏教かと言われるんですが、なんの関係もない。だから日本人の生活の中で、漢音と呉音がごちゃまぜになっている。しかし仏教関係は呉音で読むというのは、かなりはっきりしています。ところが仏教にも問題があり、詔勅にも問題があって、法然上人《ほうねんしょうにん》というでしょう。「然」は「ぜん」と読むときは漢音で、「ねん」が呉音なんです。だからそれは正しいんです。ただ「上人」の「しょう」は漢音なんです。もし四字全部を呉音で読むとすれば、「ほうねんじょうにん」と読まないといけない。アメリカ上院《じょういん》というでしょう。下院《げいん》とはいわない。下院《かいん》というでしょう。漢音と呉音が混ざっている。そんなことで怒ってもしょうがないですけれどね（笑）。要するに読みぐせなんです。

「学問」と「文学」

最後の6番にあげました、

文学子游子夏。

■ 文学は、子游子夏。

（先進篇、二〇二頁）

というのは、『論語』先進篇の中にでてくるんですけれども、じつは『論語』の中に「学問」という言葉は一度も出てこないんです。あれだけ「学」「学」といいながら、出てこないんです。その理由は簡単であって、孔子の時にまだ「学問」という中国語はなかったということです。「学問」という言葉がでてくるのは、少しあとです。はじめは「学んで問う」というふうに二つを分離した言葉として出てくる。これを学びこれを問うと。それを「学問」という言葉にくっつけるのは、孟子あたり以後であって、孔子のころにはまだなかった。それで『学問』という言葉の歴史」という短い文章を、ぼくはいま書きつつありますけれども、その内容を次の時にはちょっとお伝えしたいと思っています。「学問」の代わりに使われていたのが「文学」という言葉です。「文学」というのはいまのリテラチャーと違うんです。孔子のころの「文学」は、イコール学問です。なんで「文学」というかというと、文字に書かれた学問をさしているのです。耳から聞く学ではなくて、読む学問です。だから昔の中国では学問すなわち読書なんです。そういうちょっと日本語と違う原理的な意味があるということです。

その後の中国の本の中で、例えば「文学篇」というのがありますが、その文学篇というのは学問篇なんです。学問について書いてある。ずっと長いこと、「文学」という言葉が「学問」の代わりに使われて来ました。一方孟子が「学問」という言葉をすでに使いはじめていて、その「学問」という言葉もその後ずっと使われます。例えば杜甫の詩の中に、「小児学問止論語〔小児《しょうじ》の学問は論語に止まる〕」という（笑）句があって、小児というのは、あとに大児がでてきますから、幼い子供です。寺子屋へ通っているような連中の学問は論語止まりだと。

　ここで学問という言葉の意味がかなりはっきりしてくると思います。古い中国語の「学問」とぼくたちがいま使っている学問とのずれみたいなもの、同じ意味の部分と、ちょっとずれている部分があるように思います。一方で「文学」という、いまのぼくたちが使っている「学問」とぴたっとくっつくような言葉があって、そのほかにもう一つ「学問」という言葉が孟子以来使われてきたのではないかというのが、ぼくの最近考えていることです。

　そういう話をできれば次の時にしたいと思います。それから「文学」の「文」ですが、『論語』の中に「文」という言葉がよくでてくるんです。それには特別の意味がある。「文」というのは文化とか文明の「文」です。もともとは「文」というのは、『説文』にでてくるのを見ると、こういう形（）です。これは女の人の襟の、模様、あるいは文身《いれずみ》の形です。身体に文を入れているんです。そうして「文」には悪い意味といい意味とがあります。飾るという意味と文明と。飾ることがマイナス価値の場合と、飾ることがプラス価値の場合とがあるわけです。その原理的な表現として「文」という言葉があったのではないかと思われます。「学問」と「文学」と、そして「文」、次はそういう話をできればしたいと思います。

権威としての孔子

老子を作り上げていくというか、アンチ儒教の風潮というか、思想的基盤というか、そういうものは絶えずありますか。

絶えずありますし、孔子在世中からあったんです。亡くなればいっそうあっただろうし……。一貫してありますけれども、儒教が権力と結びついた後は、アンチ儒教は弾圧されます。だから宗教みたいな形になって、民衆の中にもぐりこんでいくわけです。

道教的な……。

そうですね。学問とか社会秩序とか制度とかいうことに関わってくると、弾圧されるわけです。

それだけ孔子の影響力がその時代にあったということですね。

それは孔子の教えが、社会を統治していくうえで利用しやすかったということですか。

それが一つですね。それと民衆のコンセンサスみたいなものがあったのではないか。そういう思想だったのではないか。その強みがね。それがプラス価値かマイナス価値かは別として、いまでもイラクに派兵させてしまえば、賛成が五〇パーセントを越えるという世論があるでしょう。あれと同じようなところがあると思うんです。そんなばかなことはないと思うんですが、ばかなことがあるんですね。儒教がはっきりそういう権威をもちはじめるのは、だいたい紀元前百年ごろ以後です。漢の武帝と儒教が結びつく。董仲舒《とうちゅうじょ》が御用学者として中央へ呼ばれて、学問とか制度とか、そういうものを儒教の考えで決めていく。絶対的権威をもつのは権力と儒教が結びついた以後です。

このあいだ面白かったのは、ぼくの書いた論文を集めて、中国語に訳して中国で出版されるんですが、その中に岩波の『文学』に書いた、「陶淵明の『孔子批判』」というのが中に入れられて、翻訳される段階になって、向こうの翻訳の御意見番みたいなのがいるんですかね。非常に間接な形で、標題をちょっと変えてもらえないかと。というのは、文革の時に「批林批孔」といって、林彪《りんぴょう》と孔子をいっしょくたにして批判したことがあるでしょう。中華民国になった時に孔子の店を倒せという運動があって、反孔子運動があったんです。それから文革の中でまた反孔子運動があった。ところが文革が終わったあと、孔子が再評価される。それは思想的に再評価される前に、観光の対象として、金儲けのために孔子が再評価された、国家政策として。そうすると、いまの中国の雰囲気の中で、「孔子批判」という言葉をモロに使うのは具合がわるい。日本語といっしょだからね。中国語は「批判」が上にきて、「孔子」が下にくるわけだけれど。今もやっぱり抵抗があるらしいんだね。いまは「孔子批判」という言葉は使わない方がいいと。面白いでしょう。

4 〈学問〉と〈文学〉

『論語』の中の〈文〉

1　子夏曰、小人之過也必文。　（子張篇、三八一頁）

2　子曰、質勝文則野、文勝質則史。文質彬彬、然後君子。　（雍也篇、一一六頁）

3　棘子成曰、君子質而已矣。何以文為矣。子貢曰、惜乎夫子之説君子也。駟不及舌、文猶質也。質猶文也。虎豹之鞹、犬羊之鞹也。　（顔淵篇、二三一頁）

4　子曰、弟子入則孝、出則弟、謹而信、汎愛衆而親仁、行有余力、則以学文。　（学而篇、二三頁）

5　子以四教。文行忠信。　（述而篇、一四一頁）

＊徳行、顔淵、閔子騫、冉伯牛、仲弓。言語、宰我、子貢。政事、冉有、季路。文学、子游、子夏。　（先進篇、二〇二頁）

日本に輸入された「学問」

この前は、「学問」という言葉の話は十分にはできてなかったと思います。『論語』の第一頁に、この前ご紹介した「学而時習之、不亦説乎。〔学びて時に之を習う、亦説《またよろこ》ばしからずや〕」という、有名な文章が出てきて、それで第一章は学而篇、「学びて」からはじまりますが、『論語』という本の中で「学」という言葉は非常に重要な意味があると、そういうお話をしたんですけれども、ところが『論語』を初めから終いまで読んでも、「学問」という言葉は一度も出てこないんです。それはなぜかというと、理由は大変簡単であって、前回も申しましたように当時まだ「学問」という言葉がなかった、中国語として。だから『論語』には出て来ない。『論語』以後の書物にしか出て来ないんです。

そういう話をちょっと初めにしたいと思います。最初に『枕草子』から。

さては、古今の歌廿巻を、みなうかべさせたまふを、御学問にはせさせたまへ。

歌廿巻は「はたまき」と読むらしいです。「うかべる」というのは暗唱するということだと思いますけれども、ここで「学問」という言葉が出てきます。『枕草子』というのは正確には何年にできたかわかってないみたいで、『源氏』もそうですけれども、いまからほぼ千年前に成立したと言われている。そうするといまから千年前にすでに日本語として「学問」という言葉があったということになります。

ところがそれよりもっと遡って、日本の文献で『続《しょく》日本紀《にほんぎ》』というのがありますけれども、それの天平二年三月のところに、

大学生徒……専精学問、以加善誘。　〔大学生徒、……学問に専精し、以て善誘《ぜんゆう》を加う。〕

という漢文の形の文章があります。ここにまた「学問」という言葉が出てきます。『続日本紀』が成立したのは七九七年らしい。そして天平二年というのが七三〇年だそうです。天平二年、七三〇年の事実として『続日本紀』が記録してあるわけですから、七〇〇年代には日本語として「学問」という言葉はすでに使われていた。これがおそらく一番古い用例の一つではないかと思われます。

ところがほぼ同時代に『宇津保物語』という物語がありますが、それの「藤原の君」という篇

がありまして、そこに

とうさう（対策）し、きふだい（及第）し、がくもんれう（学問料）給はり、……

という文章が出てきます。「とうさう」というのは「とうさく」と書いてあるテキストもあって、漢字になおすと「対策」と書きますが、これは科挙の試験の時に書かなければならない文章です。科挙の試験というのは時代によって違いますけれども、基本的には、一つは「四書五経」、経学について質問が出される。もう一つは「対策」といって、政治に関する意見を書かなければいけない。それから三番目が詩です。これは特殊ですけれども、詩について質問が出る。詩を作れとか、あるいはこの詩をどう解釈するかとか、そういう三つの試験が基本的に出る。「対策し」というのは、答案を書くということだと思うんですけれども、科挙の制度は日本にはそのままの形では輸入されていませんが、しかし真似事のようなことがされていたわけです。次の「きふだい（及第）」はいまの及第と同じです。試験に合格し、合格すると「がくもんれう（学問料）」というものをたまわる。学問料というものについては、『古事類苑』（一九一四年完成）という書物の「文学部三」というところに書いてあります。

今日は「文学」という言葉についてお話ししたいと思っているんですけれども、文学というのがじつは学問という意味で、いまのリテラチャーという意味とはまったく違うんです、中国の古代の「文学」という言葉の意味は。だから日本のこの時代の「文学部」というのも、今の東京大学文学部とは関係なくて、学問の部類、学問についての、という意味になります。

そこにどう書いてあるかというと、「学問料は学資を学生に給与するの謂《い》ひにして」、「一に燈《とう》燭料《しょくりょう》と謂ひ」、蛍の光、窓の雪というわけにいかないので、灯火の代金を与えると。「燈燭料と謂ひ、その糧を給せらるるを、単に給料と謂ふ」と。その起源は「桓武天皇の時、菅原清公《すがわらのきよただ》等」、桓武天皇というのは在位七八一年から八〇六年まで。「桓武天皇の時、菅原清公等の兄弟数人にこれを給せしにあり」と。一番最初に菅原清公という人の兄弟が学問料というもの、いまでいう奨学金をもらった。この菅原清公という人の生卒は、七七〇年—八四二年。この前ちょっと話のついでに申し上げましたが、七七〇年というのは杜甫が死んだ年です。それから八四二年というのは、これも偶然なんですが、白楽天が生まれた年です。だから杜甫が死んだ年から白楽天の生まれた年まで生きていたわけです。それが菅原清公です。その兄弟たちが奨学金をもらったというわけですから、ちょうど二十歳ぐらいだとすると、七九〇年ごろとなります。だから少なくとも七〇〇年代の後半には、「学問」という言葉はすでに日本語として普通に使われ出していたということが、これでわかります。

孔子の頃までの「学」

ところで肝心の中国ですが、中国ではどうかといいますと、「学問」という言葉は『論語』の中に出てこないで、次の『孟子』という本の中にはじめて出てくるんです。その前に、『易経』(『易』)を見てみましょう。『易』というのは孔子が読んでいたというわけですから、孔子より前の本です。

文言曰、君子学以聚之、問以弁之、寛以居之、仁以行之。(『易経』乾)

『易経』の乾《けん》は、「かん」ではなくて、乾燥《かんそう》という時は「かん」ですけれども、天地という意味で乾坤《けんこん》という時は「けん」と読みます。『易』の「文言に曰く」、「文言」というのは孔子の解説です、『易』ついての。孔子が解説を加えて、「君子は学びて以て之を聚《あつ》め、問いて以て之を弁ず、寛《かん》以て之に居《お》り、仁以て之を行う」と。意味は、君子というものは学ぶことによって知識を吸収する、そして問いかけることによって弁ずるというのは、是非の判断をする、どれが正しいかということを判断する、そして寛とか仁という態度、すなわち心広く、仁がむずかしいんですけれども、ぼくは仁については結局取り上げなければならないと思いながら逃げ回っているわけですけれどね。仁という精神、非常に広い愛ということだろうと思うんですけれども。寛をもって、広やかな態度をもって、「居る」というのは生活をする、人生に対応する、そして仁をもって、この場合の「行う」は行動ですけれども、こういうところに出てくるのは政治的行動だろうと思います。ここでは「学」と「問」が分けてあるんです。くっついた言葉「学問」はまだこのころにないんです、孔子以前には。

それともう一つ、孔子の前後のころですが、『中庸』という本があります。『中庸』という本は、前にも申しあげたかと思いますが、「四書五経」と普通いってますけれども、この「四書」は、『論語』と『孟子』と『大学』と『中庸』です。「五経」が『易経』、『書経』、『詩経』、『礼記』、『春秋』。その『中庸』（実は『大学』とともに『礼記』の中から独立させた本なのですが）でもやはり「学」と「問」は分けてありまして、

博学之、審問之、慎思之、明弁之、篤行之。
〔博《ひろ》く之を学び、審《つまびらか》に之を問い、慎んで之を思い、明らかに之を弁じ、篤《あつ》く之を行う。〕

と。これをいまふうにいいますと、学んだり問うたりするというのは、前者は外から知識を吸収することで、主体的に自分で考えるのではなくて外から知識を吸収する。それからあとの方は慎

重に思索する、そして弁ずる、対象の是非を明らかにする。それは内面的な、主体的なことをいっているると思います。ところがその両方ともいわば精神世界のことであって、最後にそれを行動に移さなければならないという儒学的な思想をのべているのですが、そういういい方が孔子以前にあった。「学」と「問」に分けていたのが、孔子以前、あるいは孔子と同時代です。

「四書」と「五経」

また話が横へいきますけれども、「五経」のうちの『易』というのは、いまの言葉に置き換えてみると、不易糊《ふえきのり》の易ですね。いま不易糊はありませんけれども、ぼくらの子供のころは不易糊でした。不易糊というのは日常品で品がないけれど、芭蕉の言葉の「不易流行」というと途端に品がよくなります。要するに「変易《へんえき》」の易です。「易」はやさしい、容易というときは「い」と読みますけれども、変わるという意味のときは「えき」と読みます。貿易の易です。「易」は要するに変化の学問なんです。何が変化するのかというと、天体が変化する。シーズンによって変化し、朝から晩のあいだに天体が変化する。昔は「天人相関」という思想があって、天上で起こっていることは地上にも起こるという発想がありまず。例えば流れ星があったらどうかとか、天体にこういうことがあったら地震が起こるとか、いまでは迷信ですけれども、そういう「天人相関」の思想というものがあって、天体の変化は人間世界の変化と対応するという発想があり、あらかじめ天体の変化を見ることによって、人間社会に起こる変化を予想する。そこから地下鉄の上がり口あたりに小さな机を置いて、髭を生やしたお爺さんが座っており、前に「易断」と書いてあるんですね。それとつながっていくんです、「易」という学問は。だからもともとは自然科学なんです。天文学、あるいは自然哲学です。

それから「五経」の『書』というのは、これは天子の行動と言葉を記録したもの。大地震が起こった時に天子はどういう行動をとり、どういう詔勅を下したかということが書いてある。これは政治学です。政治学の本です。それから『詩』は、もちろん文学の本です。それから次の『礼記』というのは、礼儀作法ですけれども、ただお辞儀をしたりするだけでなくて、例えば親が死んだ時にはどういう行事を行うかとか、夫婦の関係はどうでなければならないかとか、人間と人間を結びつける、あるいは規制する秩序みたいなものについて書かれた学問です。やがてそれが強制的になってきまして、法律になるわけです。こうしてはいけないというお説教だけでなくて、こうすれば罰せられるという法律になってきます。したがって、これは法律学に近いような学問に発達していくわけです。最後の『春秋』は、孔子が生活していた魯という国の、いまの山東省ですが、そこの歴史を、これは孔子自身が書いたと言われています。

したがって、『易』が自然科学で、『書』が政治学で、『詩』が文学で、『礼記』が法律学で、最後の『春秋』が歴史学だとしますと、これは最近まで大学にあった教養部といっしょなんです。教養部は自然、人文、社会という部門で、一般教養を教えていたわけです。それと同じようなことを、孔子はすでに自分の孔子学校で教えていたということになりますから、一般教養というのは二千五百年もあまり変わってないなということになるわけです。

その「五経」というのが孔子以前、あるいは孔子自身の書物です。それに対して孔子以後の書物が「四書」で、『論語』と『孟子』、そして『大学』と『中庸』ですが、じつはこの『大学』と『中庸』というのは、『礼記』という「五経」の四番目の本の「大学篇」という篇と「中庸篇」という篇を、そのまま抜いてきて作った本です。中身はまるきりいっしょです。ですから『礼記』という本を日本語に訳したものを買ってきますと、『大学』と『中庸』のところは省略と書いてあるんです。なぜかというと、『大学』という翻訳が出てるし、『中庸』という翻訳も出てるわけですから、それと重なるので省略しているわけです。

したがって、これは孔子とほぼ同時代の本だろうと思われます。

『孟子』で「学問」が初登場

「学問」という言葉は孔子の時にはまだなかった。それが『孟子』にいたって、はじめて「学問」という言葉が二字の熟語として出てきます。孟子は紀元前三七二年に生まれたということになっておりますので、中国ではこのころに、要するに紀元前四世紀になって、はじめて「学問」

という言葉が使われるようになったということがわかります。

『孟子』滕文公《とうぶんこう》篇の上巻ですが、

吾他日未嘗学問、好馳馬試剣。〔吾、他日、いまだかつて学問せず、好んで馬を馳せ、剣を試みたり。〕

「他日」というのは以前ということです。「他日」は二つ意味がありまして、将来についても他日といいますけれども、過去のある時という意味でも使います。この場合は過去です。「以前に私は学問を全然しないで、スポーツばかりやっていた」。スポーツというと語弊がありますが、要するに別の言葉でいえば、文武《ぶんぶ》両道のうち、「文はほったらかしで、武ばかりやっていた」と。そういう形で「学問」という言葉が出てきます。

それから同じ『孟子』の告子《こくし》篇の上巻です。

人有鶏犬放、則知求之。有放心而不知求。学問之道無他、求其放心而已矣。

最後の「而已矣」の三字で「のみ」と読みます。「而已」を「のみ」と読んで、「矣」は、前にもいいましたように「！」で、強調してるわけです。それ以外にないぞという、「ぞ」ぐらいにあたります。「人、鶏犬《けいけん》の放たるるあらば、則ち之を求むるを知る。放心ありてしかも求むるを知らず。学問の道は他無し、その放心を求むるのみ！」。訓読しますとこうなります。人間は自分の飼っている鶏や犬が行方不明になると、どこへ行ったんだと捜します。ところが放心、すなわちわが心がどこか行ってしまって放心状態、中心がなくなってしまうような、心に穴が開いた時、犬や猫を捜すように捜そうとしない、ほったらかしにしている。捜しようがわからない。その時に大切なのが学問だというんです。学問の道は他無し、ほかでもない、その放心を求める、それ以外にない。

これはなんのことかわかりにくい。さきほどのスポーツばかりやっていて学問をしないという「学問」は、大変よくわかります。ところが人間の放心の状態を立ち直らせるのは「学問」だというい方がわかりにくいのは、これはたぶん、「学問」という言葉が現在使っているような、「学の蘊奥《うんのう》を究める」とか、あの人は学問の深い人だとか、そういう意味のできあがった学問ではなくて、ごく初歩の、ほとんど「学ぶ」というのと同じ、いまの言葉でいえばお勉強ですね、勉強に精をだすこと。だから初歩的に学問をめざす。そういう勉強に精をだすようになれば、放心状態から脱出することができると。そういっているのではないかと思います。捜す方法がわかるということですね。鶏や犬がいなくなったときには、求める、その場合はほったらかしにしてない。ところが人間の心の場合はほったらかしになっている。ほったらかしの状態から脱出するためにはどうしたらいいかというと、それが学問、勉強だといっているわけです。

だからこの「学問」は、いわば非常に初歩的な勉強という程度の言葉として使われていたのではないかということです。遡っていきますと、『易』の言葉も『中庸』の言葉も、最初の取っかかりのような学問のことをいっていて、深く究められた学というところまでいかないような形で、「学問」という言葉が使われていたのではないかと思われます。

「学問」とは初歩的な「お勉強」?

そのことの証明は、むしろ時代が下がっていくとわかります。まず、『世説新語《せせつしんご》』排調《はいちょう》篇の日本語訳を見てみましょう。

非常に大雑把な年表ですけれども（四五頁参照）、こういうのを暗記するのはぼけ防止になるんですよ。皆さん若いからわからないだろうけれど。この表が書けないようになったら、もうお終いなんです（笑）。キリスト紀元元年を挟みまして、前後二百年ずつが漢です。漢帝国は途中で一度滅びますので、前漢と後漢に分かれます。そして漢が滅びて、『三国志』の三国（魏、呉、蜀）に分裂して争う。それを小説に書いたのが『三国志（演義）』です。やがてこの三国が晋《しん》という国に滅ぼされるのではなくて、魏から出てきたある男が自分の君主を倒して晋という国をつくります。

ところが晋をつくると、北の方から漢民族以外の民族が攻めこんできて、北中国を占領してしまうんです。それで晋の幹部連中、上層部の連中は皆、南に逃げていきます。民族大移動ということはしないで、民衆はほったらかしで、いつもそうですけれど、戦争になったら将軍だけ逃げて行くわけです。皆残して残留孤児みたいになるんですが、漢民族が北の方に残っていましたけれど、支配者が官僚などを引き連れて南へ逃げてきて、南京に都をつくります。そしてもともと呉が南京を都にしていましたので、以後、呉、(東)晋、宋、斉、梁、陳、これらは四十年から五十年の非常に短い期間に国が興ったり滅びたりして、これで全部で六つ、南京に都をした国が全部で六つあったので、この時代のことを六朝《りくちょう》時代といいます。六朝時代の最後の陳という国が北方の国だった隋《ずい》に滅ぼされる。今度は中国全土、南北全部を占領して、隋という国になる。その時はじめて日本との交流が具体的に始まります。聖徳太子のころです。ところが隋はまたすぐ滅びてしまって、大帝国唐ができあがった。唐は三百年ほど安定政権を続けます。

六朝の宋の時代、劉義慶《りゅうぎけい》という人物が現れて、後漢の時代から東晋の時代までの知識人、インテリのエピソード集みたいなものを作る。それが『世説新語《せせつしんご》』です。例えば金儲けのうまい知識人とか、冗談のうまい知識人とか、いろんな特徴をもった知識人をグループ分けしまして、それぞれのおもしろいエピソードを書いたのが『世説新語』という本です。その一つである「排調」という篇、これは冗談というか、人を誹《そし》って冗談をいうことですが、その篇に「学問」という言

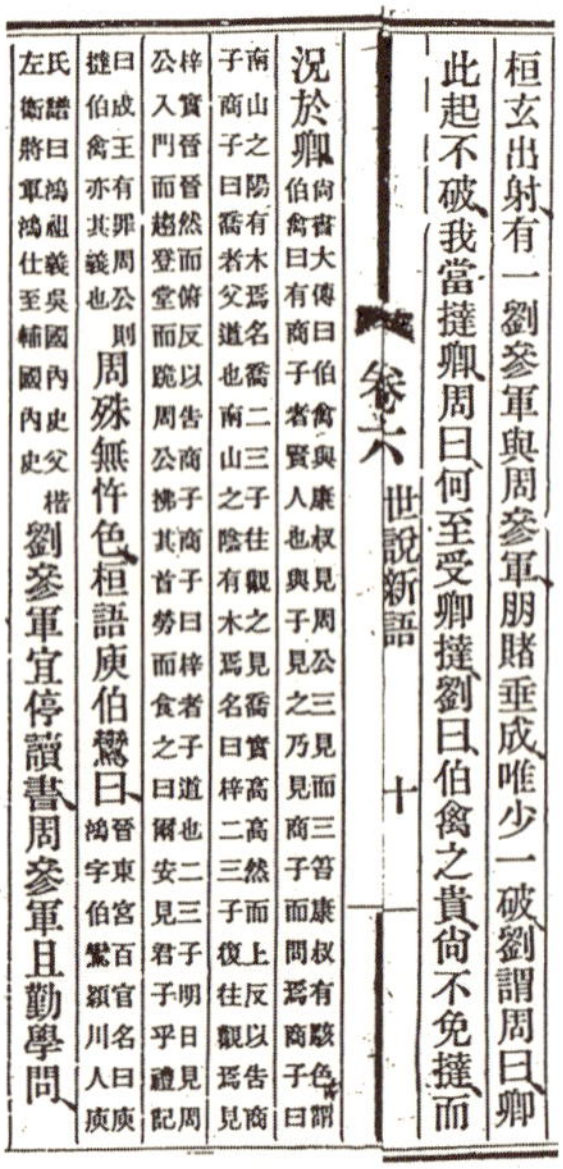

『世説新語』排調篇

葉が出てきます。

漢文の方、大きい字で書いてあるのが原文で、小さい字で書いてあるのが注。劉義慶が書いたのは、大きい字の方です。たまたま翻訳が出ていますので、翻訳をそこへ掲げてみました。

読んでみますと、「桓玄」というのは、ちょうど陶淵明のころの軍閥の親分です。政治家です。「桓玄が弓を射《い》に出かけた」、弓の練習に出かけた。「劉という参軍（軍の参謀みたいな役職）が周という参軍と組になって賭をした。勝負は終わりに近づき、あと一発を残すだけになった。劉参軍は周参軍にいった。『もし君のこの一発がきまらなかったら、わしは君を鞭でひっぱたくことにしよう』。周参軍はいった。『君の鞭を受けるようなはめにはなるまい』」。絶対負けないぞといったわけですが、それに対して劉参軍が「『伯禽《はっきん》のような尊い身分のものでも、鞭をまぬがれなかったのだから、まして君などはなおさらだ』」。周参軍は別にその言葉を気にとめる様子を見せなかった」。劉参軍の言ったことの意味が周参軍にはどういうことなのかわからなかったんですね。伯禽というのは、後ろに注がありまして、「周公の子」とあります。周公というのは、漢の前が秦で、その前が周、この周というのは、じつに千年ほど続く王朝ですけれども、実権はなくて、各地に分裂した国がたくさんできたんですが、この周をつくった最初の天子、お父さんの文王とその息子の武王が殷を滅ぼして、周をつくるわけですが、文王の弟の周公というのは孔子がすごく尊敬していた人物です。周公のことを最近夢に見ないというので嘆いたという話が『論語』の中に出てきます。周公と会えなくなったといって悲しんだという。周公というのは孔子に大変尊敬されたわけですけれども、その「周公が伯禽に鞭打って教育した」、自分の息子を鞭で叩いて教育したということは、『礼記』文王世子や『尚書大伝』に見える。

それで後を続けますと、「周参軍は別にその言葉を気にとめる様子を見せなかった」。それに対して上官である桓玄は庾伯鸞《ゆはくらん》という人物、これも注がついています。「庾鴻《ゆこう》。字は伯鸞。潁川《えいせん》の人。東晋の輔国内史となる」とあります。その人物、これはあまり意味はないんですが、その人物に告げた。「劉参軍は読書をやめたがよく、周参軍はもうすこし学問にはげんだほうがよい」と訳してあります。この原文を見ますと、左の方の最後のところ、

劉参軍宜停讀書、周参軍且勤學問。

〔劉参軍は宜しく読書を停《とど》むべし、周参軍は且《しばら》く学問に勤《つと》めよ。〕

且は、「しばらく、まずまずいまのところは」という意味。ここに「学問」という言葉が出てきます。

「読書」と「学問」が対として使われているわけですが、片方はもう本は読まなくてもよろしい、片方は学問をせんとあきまへんでと、こういわれたというんです。故事来歴のある言葉を知らない、古典についての知識がないから周産軍は「学問」をしないといけないといったわけですが、ここでいう「読書」と「学問」というのは、奥深いものではなくて、きわめて初歩的な、本を読んで知識を得るという程度の言葉として使われているということがわかります。

詩の中の「学問」

それからその次は、時代がかなり下ってきて、杜甫。杜甫は、さっきいったように、七一二年に生まれて七七〇年に亡くなっています。「最能行《さいのうこう》」という非常に長い詩がありまして、その中に、

小児学問止論語　小児《しょうじ》の学問は論語に止まり
大児結束随商旅　大児《だいじ》は結束して商旅《しょうりょ》に随《したが》う

という句がある。ところで日本人は漢字を知っていますので、漢詩、漢文を読んで、日本語といっしょの言葉だったら意味も同じだと思ってしまう。そういうことがしばしばあって、誤解することがあります。例えば杜甫のこの短い二句の中にも日本語と違う、漢字は日本語といっしょだけれども、中身の意味が違う言葉がある。それを知ってないと誤解します。「小児」というのは、日本語でいう小児科の小児でなくて、下の子、下の男の子です。「大児」というのは、上の男の子です。大小は年齢のことをいっています。下の子の学問は論語止まり。この論語というのは、論語の暗唱です。いわゆる素読《そどく》ですね。そしてその次の「大児」、上の子は「結束」してというのも日本語と違います。意味は旅支度です。旅の支度をして「商旅に随う」。出稼ぎについていくというのです。ここでいう「学問」というのも、きわめて初歩的なお勉強という程度の意味で使われていることがわかります。

日本でも素読ということを、少し前まではやっていましたけれども、中国では、素読というのは非常に古くからやっているんです。論語に止まるというのは、『論語』の研究とかではなくて、『論語』をただ暗唱するんです、意味はわからないけれども。

次は、韓愈《かんゆ》という詩人の詩から二篇。唐というのは三百年も続くわけですけれども、文学史的には初唐・盛唐・中唐・晩唐と分けます。初唐は初期のころですが、盛唐は盛んなる唐で、李白や杜甫が現れた、詩でいえばもっとも盛んだった時代です。中唐の「中」は前に言いましたか、まん中の中ではなくて、中国に、「人中年に到らば万事窮す」という意地の悪いことわざがあって、人間、中年になったら全部おしまいという、その中年の「中」です。だから次に晩年が出てくるわけです。中年というのはいろいろ変化が起こる、衰えはじめる。衰えるというのは、すでにあらゆる形式のすぐれた詩が作り尽くされて、様相が変わってくるということです。一方で中年の魅力のようなものも出て来る。変化と結びついているわけです。その時期に出てきたのが韓愈と白楽天です。盛唐の時代が李白と杜甫、「李杜」といいますけれども、次に「韓白」といいまして、韓愈と白楽天という二人の詩人が中国の詩を大きく変化させていくわけです。

その韓愈という人の作品に、「送諸葛覚往随州読書〔諸葛覚《しょかつかく》の随州《ずいしゅう》に往《ゆ》きて読書するを送る〕」という題の詩があります。「諸葛」というのは諸葛孔明と同じく名字で、「覚」が名前です。諸葛覚という人物が随州という所へ勉強をしに行くのを送る。「読書」というのはそういうことです。

詩そのものは、

　今子従之遊
　学問得所欲

今、子《し》というのは君という二人称です、君は之《これ》より遊ばんとす。遊ぶというのは、日本語の遊ぶではなくて、旅に出るという意味です。うちの息子は東京へ遊学させていますと日本語でもいいますが、遊学させているというのは、パチンコもしてるし大学へも行ってるという意味ではないんです。実際はそうかも知れないけれども(笑)。そうではなくて、東京まで出かけて行って勉強しているというのが「遊」です。旅をする。いま君はこれより遊ばんとす。学問して欲する所を得んと。この「学問」もやはり初歩的な「勉強」です。しかも読書という言葉と結びついている。題に「読書」とあります。

それから次に、同じく韓愈の「符読書城南(符《ふ》、書を城南に読む)」。「符」というのは、当時七つか八つの韓愈の息子の名前です。七つか八つの息子が、「城」というのは日本語の「お城《しろ》」と違って町という意味ですから、町の南の方でいま勉強している。その息子に対して、与えた長い詩です。

金璧雖重宝　金璧《きんぺき》は重宝《じゅうほう》なりと雖《いえど》も
費用難貯儲　費用して貯儲《ちょちょ》し難し
学問蔵之身　学問は之を身に蔵《ぞう》すれば
身在則有余　身在《あ》らば則《すなわ》ち余り有《あ》らん

黄金あるいは宝玉、そういうものは大変重要な宝物だけれども、しかし費《ついや》して、使ってしまって、蓄えておくということはなかなかむずかしい。しかし学問を身につければ、生きている限りは十分に役に立つだろう。宝物というのは、つい使ってしまう、それと対比して学問のことをいっているわけですが、これも小さい息子に向かっていっているわけですから、勉強しておかんとあかんよ、勉強しておいたらこういう利益があるよ、といっているわけです。ここでの「学問」も、それは深い学問という意味も含めてはいるでしょうけれども、要するにお勉強なんですね。

「学問」という言葉は、こういう形で使いはじめられたころから、かなり長い間、序の口の勉強というふうな意味で使われていたのではないかと思われるのですが、そうするとその時代、いわゆるぼくらが普通いっている学問の蘊奥《うんのう》を究める、そういう「学問」という言葉は中国語では何という言葉で表現していたかといいますと、それがさきほどもちらっと出てきた「文学」なんです。『論語』の中に「文学」という言葉が出て来ます。それがじつは学問という意味なんですね。

「文」という字の成り立ち

「学問」の代わりに「文学」という言葉が『論語』のころから使われていたということに話をすすめるために、『論語』の中で「文」という言葉がどういうふうに使われているかということを、少しお話ししたいと思います。プリントの「『論語』の中の『文』」をごらんいただきたいと思います。

そもそも「文」という文字、それについてはまた『説文解字』になるんですけれども、一番古い字書、『説文解字』の第九篇の上に、

文、錯画也。〔文は錯画なり。〕

とあります。「錯画」は「さくが」と読むのか、「さくかく」と読むのか、「画」は「絵画《かいが》」なのか「字画《じかく》」なのかむずかしいですね。「錯」は交錯するという意味で、それは明らかですが、「画」の解釈について助けになるのは段玉裁の「注」です。

段玉裁注云、錯画者、交錯之画也。考工記曰、青与赤謂之文、赤与白謂之章、錯画之一端也。錯画者、文之本義。（中略）黄帝之史倉頡見蹏迒之迹、知分理之可相別異也。初造書契、依類象形、故謂之文。

「錯画」、ぼくは「画《かく》」と読みたいんです。「画《が》」、すなわち「絵」ではなくて、一画、二画、漢字の画数といいますね、その「かく」。錯画とは交錯する画《かく》である。交わった線である。『周礼』

は「しゅうれい」と読まずに「しゅらい」と読みならわしていますが、これは呉音です。こういう古い文献は、文選《もんぜん》の「文《もん》」のように、呉音で読む場合が多いんです。この『周礼』というのは、さきほどいった「十三経《けい》」という基本的文献の一つでありまして、「四書五経」は全部そこに入るわけですけれども、その他に『周礼』とか『儀礼《ぎらい》』とか、そういう何種類かの本があって、「十三経」というんですが、これは儒家のもっとも基本的な文献ということになっています。その『周礼』に「考工記」という篇があって、そこに「青与赤謂之文〔青と赤と之を文と謂《い》う〕」「赤与白謂之章〔赤と白と之を章と謂う〕」とあります。

「文章」という言葉がありますが、文子さん、章子さんと、日本の女の人の名前がありますね。文子《あやこ》さん、章子《あやこ》さんと読みます。だから「文」も「章」も「あや」、模様なんです。すなわちここでいっているのは、青と赤が交わってできる線、これを「文」という。赤と白が交わってできる線、これを「章」というと。同じ模様だけれども「文」と「章」の二つの模様があると。何のことかもう一つよくわからないんですけれどもね。段玉裁は、「錯画」、交わる線、交わって作る模様、これが文の本義であるといっているのです。「文」という字そのものが、一番古い字体の甲骨文字とか篆書のあたりの時代には、単純化するとこういう形（）になっています。これが「文」という字です。これは女の人の襟が重なった模様だという説と、もう一つは「いれずみ」です。『蛇にピアス』ではないけれども、いれずみのことを文身と書きます。その「文」なんです。

ところで「文」という文字の意味は、二つの方向、すなわちマイナス方向とプラス方向で使われています。元来模様で飾るという意味ですが、飾るということが悪いことをいう意味に使われる場合と、いいことをいう意味に使われる場合があります。分裂するわけです。

段玉裁の続きを読んでみますと、「黄帝之史倉頡〔黄帝の史、倉頡《そうけつ》〕」、中国の最初の天子を黄帝というんですが、これは伝説上の人物です。「史」は、記録係です。記録係を勤めていた倉頡という人物が、「見蹏迒之迹〔蹏迒《ていこう》の迹《あと》を見て〕」、「蹏迒」というのは、足とひづめです。獣や鳥の足、あるいはひづめ、そういうものが地面に跡をつけているのを見て、そして「知分理之可相別異也〔分《ぶん》理《り》の相別異《あいべつい》すべきを知るなり〕」と。「分理」というのは筋目です。足跡が残している筋、線で、これは何の鳥だとか、何の獣だとか、そういうことを別異する、すなわち区別することができるということを知ったと。だから地面についている足跡を見て、これは鶏だとか、これは雀だとか、そういうことを分別することができるということを知って、「初造書契〔初めて書契《しょけい》を造る〕」。「書契」というのは文字です。こうして文字ができた。「依類象形、故謂之文。〔類によって形を象《かたど》る。故に之を文（模様）と謂う〕」と。これが文字の「文」です。だいぶ前にお話ししましたけれども、単体の絵からできた文字のことを「文」という。そして木ヘンとか竹冠《かんむり》とか、複数の文字を組み合わせて造った字を「字」という。「文」の方は模様、絵だというわけです。

飾ることはよいことか

そこからさきほどいった、飾ることはいいことだというのと、いや、飾ることはよくないというのと、プラスとマイナスの評価が出て来ます。

プリントの1番は『論語』の子張篇からです（岩波文庫、三八一頁）。

子夏曰、小人之過也必文。（子張篇、三八一頁）

■ 子夏曰く、小人の過《あやま》つや、必ず文《かざ》る。

つまらぬ人間は、失敗するとかざり立ててごまかそうとする。これはマイナス価値の「文」です。ところで「文」という言葉は『論語』の中に非常に多く出てきます。それをいくつかに分類することができるんですが、一つは2番と3番、ここには「文」の反対語は何かということがでてきます。『論語』の中で「文」の反対語として出てくる言葉は「質」です。質朴の「質」、質素の「質」です。かざらない。雍也篇には次のようにあります。

子曰、質勝文則野。文勝質則史。文質彬彬、然後君子。（雍也篇、一一六頁）

子曰く、質《しつ》、文《ぶん》に勝たば則ち野《や》。文、質に勝たば則ち史《し》。文質彬彬《ひんぴん》として、しかる後に君子なり。

金谷先生は何と訳しているか（一一六頁）。

先生がいわれた、「質朴さが装飾よりも強ければ野人《やじん》であるし、装飾が質朴よりも強ければ文書係りである。装飾と質朴とがうまくとけあってこそ、はじめて君子だ」。

ちょっとわかりにくいでしょう。吉川先生のは、直訳でなくてパラフレーズしてあるからわかりやすい（上、一八七〜一八八頁）。

質とは素朴、文とは文明であって、二者は、あいよりあい助けて、人間の生活を成立させる最も重要な要素である、とする考えは、『春秋公羊伝《くようでん》』、それはおそらく『論語』より後の文献であろうが、それに最も強くあらわれるものであるが、『論語』のこの条は、このことに対する、より早い重要な言及である。

もし質が文にまさるならば、すなわち素朴の要素が文明の要素の上を越すならば、「則ち野《や》」、それは田舎びた、不充分な生活である。逆に、文が質にまさるならば、すなわち文明の要素が素朴の要素に勝ちすぎるならば、「則ち史《し》」、史とは、元来、政府の歴史記述、祭祀の祭文、などをつかさどる言語文化のための官吏であること、内藤虎次郎博士の「支那に於ける史の起源」（「研幾小録」）や、王国維氏の「釈史」（「観堂集林」）などを参照されたいが、ここの史の字は、やや転化して、あまりにも言語的、文化的な生活を、意味するであろう。要するに、素朴と文明のどちらが勝ちすぎても、完全な生活でない。文と質とが「彬彬《ひんぴん》」、とは古注に、「相い半ばする貌《かたち》」、新注に、「物の相い雑《まじ》わりて、適《あたか》も均《ひと》しき貌」、つまり、うまく均整がとれてこそ、然る後に、はじめて紳士である。もし、君子という言葉が、その広い意味である紳士一般にまでひろまらず、そのせまい意味である為政者、にしぼられるならば、かくあってこそ、はじめて、すぐれた為政者らしい為政者である。

そう書いてあるんです。そうしますと、なるほどなとわかってくる。わかってくるけれども、どうかなということはまだ残るんですけれどね。なかなかむずかしい。

「文質彬彬」という言葉は非常によく使うんです。両方の平均がとれている。「文」が過ぎてもいかんし、「質」がすぎてもいかんと。そういう対立概念として「文」と「質」をとりあげているということがわかります。

それからその次の3番。

棘子成曰、君子質而已矣。何以文為矣。子貢曰、惜乎夫子之説君子也。駟不及舌。文猶質也。質猶文也。虎豹之鞹、犬羊之鞹也。（顔淵篇、二三二頁）

■ 棘子成《きょくしせい》曰く、君子は質なるのみ。何ぞ文を以て為《な》さん。子貢曰く、惜《お》しいかな、夫《か》の子《し》の

> 君子を説くや。駟《し》も舌に及ばず。文は猶《な》お質のごときなり。質は猶お文のごときなり。虎豹《こひょう》の鞟《かく》は猶お犬羊の鞟のごときなり。

これは顔淵篇の二三一頁です。岩波文庫の訳を読みます。

棘子成《きょくしせい》が「君子は質朴だけ〔が大切〕だね。装飾など、どうしているものか。」といったので、子貢はいった、「惜しいねえ、この方《かた》の君子についてのお説は。四頭だての速馬《はやうま》でさえ舌にはおいつけない。〔失言はとりかえしがつかないものだ。〕装飾も質朴のようなものだし、質朴も装飾のようなもの〔で、どちらも大切〕だ。虎や豹の毛をぬいたなめし皮は犬や羊のなめし皮と同じようなもの〔で、質だけにしたのでは君子の真価は表われないもの〕だ。」

わかりにくいですねえ。どうですか、吉川先生のは（中、九〇～九一頁）。

棘子成なる人物は、古注に引く鄭玄《じょうげん》が、さらに旧説を引いて、衛のくにの大夫である、とするが、二世紀の鄭玄がすでに旧説に責任をもたせているように、事蹟は不明瞭である。日本の写本には、子成《しせい》を子城《しじょう》につくるものがある。孔子と同時代の人にはちがいない。

その人物がいった。紳士たる条件は、質朴さだけで充分である。文化の要素は、なにゆえに必要であるか、なにも必要ではない。〔中略〕

すでに雍也第六で説いたように、「質」と「文」とはあい対立する概念であるが、ともに人格の形成に必須な要素であり、両者が「彬彬《ひんぴん》」と、つりあいがとれて並存してこそ、「然《しか》る後に君子」とするのが、孔子の考えであるが、棘子成は、質朴さのみを重視したのである。

棘子成の言葉をつたえ聞いた子貢は、批評していった。「惜しいかな夫子《ふうし》の君子を説くや」。君子のありかたについての、あのかたの説は、たいへん残念である。「夫子」とは、先生、あのかた、と訳しうるように、尊敬を払うべき人物を呼ぶ言葉である。棘子成の伝記は明らかでないが、いちおうの尊敬ははろうべき関係の人であることを、示している。しかしこの場合の、棘子成の発言は、失言であり、残念である。失言は、いちど口を出たが最後、取り消そうと思っても、おっつかない。「駟《し》も舌に及ばず」。駟とは、四頭立ての馬、またそれに曳かせる馬車。それで追っかけても、いちど舌の生んだ過失には追っつかない。

子貢はさらに、棘子成の説が誤まりである理由を説明する。文猶質也、質猶文也〔文猶お質のごときなり、質猶お文のごときなり〕、「猶」の字は、いつものごとく同等の意味。かりにもし、文明といったって素朴と同じである。逆にまた素朴も文明と等価値であるとし、一方だけでよいとしてしまうならば、虎や豹のなめし皮が、犬や羊のなめし皮と、なめし皮としてはおなじであるようなことになってしまう。あきらかにそれはおかしい。虎や豹の皮は、なめさない前は、美しい模様をもっている。その点で犬や羊の皮と、価値がちがう。人間も虎豹のごとくでなければならない。

ここのところは確かに非常にわかりにくいんです。しかし、ぼくが考えるには、「文猶質也、質猶文也」、文と質は同じものだといってるわけでしょう。後に虎や豹の比喩が出てきますね。それはたぶん、虎と犬のあいだには、もとは美しい汚いの違いがあった。しかしなめし皮にすれば同じものだと。なめし皮としての効用はいっしょだと。そういう方向のことをいっているのではないかと思うんです。「文」であろうと「質」であろうと、結局、本質的には同じであると。「文」の方が美しく、「質」の方が素朴すぎるというもとの関係はあるけれども、結局は同じだと。なめし皮にしてしまえば同じであるように、同じであると、そういう意味ではないかとぼくは思うんです。そうでないと意味が通じないと思うんだけれど。これは宿題になりますね。

文を学ぶ

この二つ（2と3）が「文」と「質」という二つの対立概念について提示されている部分で、次の4、5は、文を学ぶという、学習の対象として文というものがあると、そういうことが出てくるんです。

4番目に、

子曰、弟子入則孝、出則弟、謹而信、汎愛衆而親仁、行有余力、則以学文。

子曰く、弟子《ていし》、入りては則ち孝、出でては則ち弟《てい》、謹みて信じ、汎《ひろ》く衆を愛して仁に親しみ、行いて余力あらば、則ち以て文を学べ。

（学而篇、二三頁）

これがまたわかりにくい。「余力あらば文を学べ」というんですね。

それで、4と5は、要するに文を学ぶということについて書いてあるわけですが、これも岩波文庫の訳はわかりにくい。ちょっと読んでいただけますか。

先生がいわれた、「若ものよ。家庭では孝行、外では悌順《ていじゅん》、慎しんで誠実にしたうえ、だれでもひろく愛して仁の人に親しめ。そのように実行してなお余裕があれば、そこで書物を学ぶことだ。」

どうしてわかりにくいのか、わかりますか。「家庭では孝行、そして外では悌順」。これがもう今の人にはわからない。吉川先生のは（上、三〇頁）、

若者よ、父母のいる奥の間では孝行。兄弟たちのいる表の間では弟《なかよ》かれ。仲良くしろというのですね。「悌」というのは、要するに兄弟仲よくということでしょう。

万事に気をつけて、嘘をつくな。人びととひろく交際しながら、人格者に親しめ。以上のような実践をして、余裕があれば、本を読め。

と書いてあるんです。これがたぶん正しいのと違うか。これならよくわかりますね。余裕があるということは、『論語』の他のところを読むと、これは政治的行為の間に余裕ができたら、という意味で使っているようです。一般的に暇な、日曜日は本を読めとか、そういう意味ではないと思うんです。

それから5は、

子以四教。文行忠信。（述而篇、一四一頁）

■子、四《よ》つを以て教う。文、行、忠、信。

先生は四つのことを教えられた。読書と実践と誠実と信義である。

四つの内容が、「文、行、忠、信」です。で、ここは金谷先生は何とおっしゃっていますか。「読書と実践と誠実と信義」、それは吉川先生とほぼ変わらないですね。吉川先生は、孔子の教育は、四つのことを重点とした。学問、実践、誠実、信義。となっています（上、二三九頁）。「文」を吉川先生は「学問」、金谷先生は「読書」と解釈しておられます。だいたい同じだとは思いますけれどもね。

「文学」とは何か

最後に、はじめて「文学」という言葉が出てくるところに触れておきます。

徳行、顔淵、閔子騫、冉伯牛、仲弓。言語、宰我、子貢。政事、冉有、季路。文学、子游、子夏。

（先進篇、二〇二頁）

――徳行は顔淵、閔子騫《びんしけん》、冉伯牛《ぜんはくぎゅう》、仲 弓《ちゅうきゅう》。言語は宰我《さいが》、子貢《しこう》。政事は冉有《ぜんゆう》、季路《きろ》。文学は子游《しゆう》、子夏《しか》。

孔子が人に対して、自分の弟子の中の誰々はこういう面ですぐれていると、言ってみれば、弟子を分類して評価しているわけですけれども、その中に「文学」という言葉が出てくるんです。これは「孔門十哲」と呼ばれる……、「哲」というのは哲学の「哲」ですけれども、賢いというか、偉いというか、すぐれたという意味です。十人のすぐれた弟子がいた。それを後世の人が十哲と呼んだ。その十哲について、それぞれの得意な分野は何かということを、孔子が分類した。「徳行は、顔淵、閔子騫《びんしけん》、冉伯牛《ぜんはくぎゅう》、仲 弓《ちゅうきゅう》」、四人あげています、道徳的にすぐれた、人格的にすぐれた弟子たち。それから「言語は、宰我《さいが》、子貢《しこう》」、「政事」は「事」が書いてありますが、普通の政治と同じです。「政事は、冉有《ぜんゆう》、季路《きろ》」、季路は子路です。そして最後に「文学は、子游《しゆう》、子《し》夏《か》」と出てきます。この「文学」がすなわち、今日いうところの「学問」という意味です。付け加えますと、「言語は、宰我、……」の「言語」も、後世の注によると、「賓と主と相対するの辞をいうなり」という解釈があるんです。賓《ひん》と主、すなわちお客さんと主人、外国とわが国です。つまり外交の言語ですね。国と国とが外交を行うときの言語、弁舌、それを言語という、と。さきほどの言語は誰だれという場合、そう考えると、わかりやすくなるように思うんです。一般的によくしゃべるとか、そういうのと違うと思うんです、言語というのは。

以後、中国の文献には「文学」という言葉が学問とまったく同じ意味で、非常によく使われるようになります。ですから、次回は、「文学」という言葉の歴史と、この言葉の使われ方についてお話ししたいと思います。

「弟子」という漢語

話が横道にそれますけれども、「弟子」という言葉について、二つの疑問があります。一つは「弟子」は音で読むと「てい」と「し」ですね。「弟」は「だい」という音が呉音で、「てい」が漢音なんです。これがただちにわかるのは、この前いいました『教育勅語』です。「兄弟《けいてい》に友《ゆう》に夫婦相和し」と読ませていますね。兄弟《きょうだい》と読まないで兄弟《けいてい》と読むのは、漢文は漢音で読むべしという詔勅を桓武天皇が下したからだという話をしました。桓武天皇がいまの天皇の先祖だと、いまの天皇がほんとうに思いこんでいるかどうか知りませんけれども、ご先祖のいわれたことは守らんといかんというので、詔勅を読むときは全部漢音で読む、呉音は使わないというのが、原則になっているんです。兄弟《きょうだい》というのは呉音だから「きょうだい」と読まないで「けいてい」と読む。

それにしても「弟」という字の発音は「だい」と「てい」しかないんです。それをなんで「だいし」とか「ていし」といわないで「でし」というのかというのが疑問の一つです。それともう一つ、「教え子」のことをどうして「弟の子」というのか。あるいは「弟の子」ではなくて、「弟と子」とも読めます。どっちなのか。

お配りしたのは「漢語の散歩道」といいまして、私が書いているのは毎月一回なんですが、執筆者三人のリレーで月に三回、ずっと長いこと続けていまして、漢語の世界を散歩してるんです。最近これに「弟子」という題で短い文章を書きました。

「弟子」という二字の漢語を眺めていると、素朴な疑問が二つ浮かんで来る。

一、なぜ教え子のことを「おとうと」「こ」というのか。「おとうと」と「こ」なのか。「おとうと」の「こ」なのか。

二、「弟」の音は「テイ」だが、「弟子」をなぜ「テイシ」と読まず、「デシ」というのか。たとえば司馬遷の『史記』に、孔子の弟子たちのことをしるした『七十弟子列伝』（正式には『仲尼弟子列伝』）があるが、これは『七十テイシ列伝』と読み、ふつう『七十デシ列伝』とは言わぬ。なぜ日常語の場合は「デシ」と言うのか。

まず、第一の疑問への答。

弟子は「おとうと」の「こ」ではなく、「おとうと」と「こ」である。

弟子という言葉の出て来る最も古い文献の一つは、『論語』だろう。その学而《がくじ》篇に、「子曰く、弟子、入りては則ち孝、出《い》でては則ち弟《てい》（兄弟仲良く）」。

この一節に対して、清の劉宝楠《りゅうほうなん》の注釈『論語正義』はいう。

「弟子ナル者ハ、兄父ニ対スルノ稱。幼少ニシテ弟タリ子タル時ヲイウナリ。」

なるほど弟の反対は兄、子の反対は父だから、弟子の反対語は兄父（父兄）。師を「父兄」になぞらえて、若い教え子を「弟子」という。『論語』の右の条では、「弟子」は「若者」というほどの意味で使われている。しかし同じ『論語』の雍也《ようや》篇の次の条、「哀公《あいこう》問う、弟子、孰《たれ》か学を好むと為《な》す、と。孔子対《こた》えて曰く、顔回《がんかい》なる者あり、学を好む、と」。

ここの弟子も「若者」と解してよいが、今でいう「弟子」に近い用法だろう。顔回は、孔子が最も評価していた学問好きの「弟子」だった。なお中島敦の小説『弟子』に登場するのは、やはり孔子の「弟子」子路《しろ》である。

さて次に、第二の疑問。弟子をなぜ「デシ」と読むのか。

弟には「テイ」（高弟）のほかに「だい」（兄弟）という音がある。前者がいわゆる漢音、後者は呉音である。そのほかに「デ」という音があるのか。

宋代の字書『集韻』によれば、「テイ」「ダイ」のほかに「テ」という音があるという。多分この「テシ」が発音しやすいようになまったのが「デシ」であろう。

ところでこれは何の関係もない話だが、私が子供の頃に流行った、次のような二人でする遊びがあった。

二人で向かい合って、「デシ、デシ、デシ」と言いながら、ジャンケンをする。勝った方が相手の顔を指さしながら、「君はぼくのデシ」、同時に、負けた方は、「ぼくは君のデシ」という。これを繰り返し、混乱して言い間違えた方が負け、という単純な遊びだが、あれは何時頃から始まったのか。子供の世界になぜ弟子が登場するのか。ご存じの方は教えていただきたい。

（〇三年六月二十五日）

5

〈文〉

『論語』の中の〈文〉（承前）

6 曾子曰、君子以文会友、以友輔仁。（顔淵篇、二四四頁）

7 子曰、文莫吾猶人也。躬行君子、則吾未之有得也。（述而篇、一四七頁）

8 子貢問曰、孔文子何以謂之文也、子曰、敏而好学、不恥下問、是以謂之文也。（公冶長篇、九三頁）

9 子曰、君子博学於文、約之以礼、亦可以弗畔矣夫。（雍也篇・顔淵篇、一二二頁・二三六頁）

10 顔淵喟然歎曰、仰之弥高、鑽之弥堅。瞻之在前、忽焉在後。夫子、循循然善誘人、博我以文、約我以礼。（子罕篇、一七二頁）

11 子曰、周監於二代、郁郁乎文哉、吾従周。（八佾篇、六〇頁）

12 子畏於匡、曰、文王既没、文不在茲乎、天之將喪斯文也、後死者不得与於斯文也。天之未喪斯文也。匡人其如予何。（子罕篇、一六七頁）

13 子貢曰、夫子之文章、可得而聞也。夫子之言性与天道、不可得而聞也。（公冶長篇、九二頁）

14 子曰、大哉、堯之為君也、巍巍乎、唯天為大、唯堯則之、蕩蕩乎、民無能名焉、巍巍乎、其有成功也、煥乎其有文章。（泰伯篇、一六一頁）

15 徳行、顔淵、閔子騫、冉伯牛、仲弓。言語、宰我、子貢。政事、冉有、季路。文学、子游、子夏。（先進篇、二〇二頁）

「質」とは何か

前回、「学問」という言葉についてお話をしました。一つは日本と中国の「学問」という言葉の古い用例と、その歴史を簡単にお話ししました。次に「学問」ということは『論語』という本の中で非常に重視されているテーマであるにもかかわらず、「学問」という言葉そのものは『論語』に一度も出てこない。ということは、当時まだ学問という言葉がなかったということですけれども、その代わりに「文学」という言葉が「学問」という言葉の代わりに使われているということ。それから最後に、「文」というのは一体どういうことなのか。『論語』の中で「文」という言葉が非常に重視されてあちこちで論じられているので、「文」ということについて論じた例をいくつかあげてお話をしました。「文」という文字そのものの意味というか、成り立ちというのは、いろんな学者の間で意見がだいたい一致していまして、もともと線が交わっている模様であると。そこから「飾る」という意味が出てきて、飾るということのプラス価値とマイナス価値が生まれた。それでマイナス価値の方は、ごまかすという、外を飾って中を隠すという意味で使われている例がすでに『論語』の中にもある。一方、同じ『論語』の中に、プラス価値を示す「文」という言葉もしばしば出てくる。それはいまでいうと、文化とか文明という意味の「文」です。

そこから「文」という言葉の実体を明らかにするために、「文」という言葉の対立概念は何かということをちょっとお話ししました。それも『論語』の中に、「文」に対する概念として「質」という言葉が出てくるんですが、この「質」という文字の意味というか、成り立ちについて町で売られている漢和辞典が、どういうふうに「質」という言葉を説明しているかという、この前は私自身が調べてなかったものですから、今回、調べてみて、驚くべきことに――いや別に驚く必要もないんですけれども――辞典によってそれぞれ説明が全然ちがうんですね。どんな字についてもそうなんですが、この前も申し上げたように、例えば「白」という簡単な文字についても、ある人は髑髏の絵だというし、ある人は豆だというし、またドングリだという。全然意見が違って、読者は困ってしまう。

「質」についてもかなり違います。まず最初は、加藤常賢さんが角川書店から出している『角川字源辞典』というのがありまして、白抜きで三項目、「字形」、「字音」、「字義」とありますが、その部分を読んでみます。

「字形」については、

貨幣の意味を表す「貝」と、音を表す「所《ぎん》」とからなる形声文字。

「字音」は、

チとシツ。「所」の部分がこの音を表わす。「所」の音の表わす意味は、「直《ち》」（相当する意）

である。「ギン」の音が「チ」に変わった。変わった経過について、斤（kin）→祈（ki）、希（ki）→絺（ti）という変化の跡が見られる。

「字義」については、

　貨幣に相当するところのもの、すなわち、抵当に出した「物」の意。ここから「しちぐさ」という意味が出てくる。

「延長」では、

　ひいて〔したがって〕、「物を抵当にして金を借りること」の意味となった。また、しちぐさは金を借りる根本であるから、「もと」（本）という意味がでてきた。

このへんになると、ほんまかいなという感じがするわけですけれども……。これが加藤先生の説です。

次にいきまして、これは去年の暮れに出た一番新しい、白川静先生の『常用字解』という、いまでも本屋に行くと平積みにしておいてありますけれども、よく売れてる本らしいですね。これは「解説」というところを読みますと、「会意文字」だとあります。

会意文字というのは、これまでにご説明したことがあると思います。さきほど出てきた、形声文字というのは、例えば「梅」という字は「木ヘン」と「毎」でできている。左側は意味を表して、右側が音を表す。こういう二つの部分から成り立っている漢字で、漢字の九割ぐらいはそうなんですけれども、この形声文字の方法で漢字はどんどん作ることができるようになったんです。ところがそれに対して会意文字、例えば「枯（れる）」という字は、左側が木、右側が古いという意味を表していますが、これが「古（ko）」という音も表しています。だから形声文字と同じように意味の部分と音の部分があるわけですが、ところが「古」は音だけでなくて、古いという、木が古くなったら枯れるわけですから、古いという意味もある。そうすると二つの意味が合わさって、会意文字と呼ばれます。

で、この「質」という字は、上の部分と下の部分の意味が合わさってできていて、片方が音、片方が意味というのではなくて、両方とも意味があるという説です。

会意。所《ぎん》と貝《ばい》とを組み合わせた形、所は二ふりの斧《おの》。貝はもと鼎《かなえ》（もと煮炊《にた》き用の青銅器で、祭器として用いる）の形である。

貝というのは、ふつうは子安貝のことで、昔はお金の代わりに貝を使ったというのが、かなり常識的な解釈になっているんですけれども、白川先生は、いや、そうではなくて、これは鼎であるという。

二ふりの斤で鼎に銘文を刻みつけることを質といい、銘刻して約束すること、銘刻された質剤（契約書）のことをいう。それは則が円鼎《えんてい》に刀で重要な契約事項を刻みこむのと同じく、質も重要な約束ごとを刻みこむことをいう。剤は方鼎《ほうてい》に刀で刻んだ銘文をいう。質・則・剤はみな鼎に刻みこんだ契約・約束をいう。それで契約の基本になるものであるから本質（そのものの特徴となっている、大事な性質・要素）といい、これによってすべてを質《ただ》すので、質正《しっせい》（ただすこと）といい、また基本にさかのぼって事を問うことを質問という。契約・約束というもとの意味から、「なる、ただす、したじ、ひとじち」など多くの意味に使われる字である。

そういうふうに書いてあるんです。明らかに加藤さんの説と違います。

さらに藤堂明保先生の『漢和大字典』ですが、これの「解字」という、字の解釈のところを読んでみますと、「斤《きん》は、重さを計る重りに用いたおの」と書いてあります。

　質は「斤二つ（重さが等しい）＋貝（財貨）」の会意文字で、Aの財貨と匹敵するだけのなかみのつまったBの財貨をあらわす。

全然違うんですね。

　名目に相当するなかみがつまっていることから、実質、抵当の意となる。実《じつ》（なかみ）—緻《ち》（きめ細かななかみがつまる）—室《しつ》（つまったへや）—窒《ちつ》（つまる）などと同系のことば。また真《しん》（なかみがつまる）は、その語尾がnに転じたことば。

とあります。

こういうように一つの文字について、三人の代表的な学者の説を読んでみると、白川先生のはシャーマニズムというか、宗教というか、そういうことと密着させて漢字を解釈しようとしている。藤堂先生の場合は音です、発音。音韻に傾いて解釈しようとする。加藤さんはそういう原則はないみたいですが……。非常に自分の得意な分野に引きつけた解釈にそれぞれがなっているんです。だから読者としてはちょっと困ってしまう、どれが本当なのか、一致している場合はいいんですが、こういうように一致しない場合は、迷わざるをえないということになるわけです。

私は漢字学者と違いますので、漢字の解釈はしない、分析はしないことにしてるんですが、私の方法は、その字を含む熟語を作ってみる。そうすると字の性質が浮かび上がってくるのではないかというのです。例えば「質」なら「質朴」とか。質朴というのは素朴ということですけれど、それが文という、飾るということの対立概念で、これは字源論ではなくて、すでに人々が使いはじめてから、どういうふうに使っているかということにもとづいての解釈でしかないんですけれども、「質」はそういう意味ではないかと私自身は思っているんです。

文化としての「文」

前回の「文」という言葉を引用した『論語』のプリントで、2番と3番によって「質」という言葉の内容がある程度わかるようになっています（一九八〜二〇三頁参照）。そのお話をしたあとで、

前回は、人間が学ぶ対象としての「文」ということ、教育を受ける中身としての「文」という、そういうことが『論語』の中にでてくる。それが前回お渡ししたプリントの4番と5番です（二〇三〜二〇五頁参照）。そのお話をして、最後に「学問」という言葉の代わりに『論語』の中で使われている「文学」という言葉についてちょっとふれて、それで一応打ち切ってしまいました。

今日はその続きということで、プリント『論語』の中の「文」の6番と7番についてお話をはじめたいと思います。

私は京大の文学部を出ているんですけれども、毎年、同窓会がありまして、同窓会の名前は「以文会」というんです。最初の二字（以文）が名前で、あとは会合という、何とか会という意味の「会」です。ところが「以文会」というのは、三字とも『論語』の中の文をそのまま引いている。「文を以て会す」というんです。文を以て集まるということで、それが京大文学部の同窓会の名前です。

その「文を以て会す」という言葉が、プリントの6番に出てきます。これは岩波文庫の二四四頁です。読んでみますと、

曾子曰、君子以文会友、以友輔仁。（顔淵篇、二四四頁）

■曾子曰く、君子は、文を以て友を会し、友を以て仁を輔《たす》く。

金谷先生の訳は、

曾子がいった、「君子は文事（詩書礼楽）によって友だちを集め、友だちによって仁の徳（の成長）を助ける。」

と。例によってもう一つ具体的にわからない。ここで「文」という言葉が「文事」と訳されて、注釈で「詩書礼楽」という。詩と書と礼と楽というのは、儒教、孔子の学校の徳目の名前で、学問ということにつながるわけですが、京大の文学部もそういう意味で「以文会」といっているんだと思うんです。

ところで、ちょっとわかりにくいときは吉川先生の本を見る（中、一一二頁）。そうするとだいぶわかってくる。

紳士は、文化の生活によって、仲間をあつめ、あつまった仲間によって、それぞれの人道を増進する。

……もう一つまだわかりにくいですがね。でもさっきのよりは少しわかりやすくなっている。そういう形で「文」という言葉についての説明がある。「文」というのは人生において非常に尊ぶべきものだという、そういう価値観で計られていることがわかります。

それからプリントの7番。これは岩波文庫の一四七頁。

子曰、文莫吾猶人也。躬行君子、則吾未之有得也。（述而篇、一四七頁）

子曰く、文は吾猶《な》お人のごとくなること莫《な》からんや。躬《み》、君子を行なうことは、則ち吾未だこれを得ること有らざるなり。

これもちょっとわかりにくい、金谷訳は、

先生がいわれた、「勤勉ではわたしも人なみだが、君子としての実践では、わたしはまだ十分にはいかない。」

ここでは「文」を勤勉と訳しています。

吉川先生の訳（上、二四八頁）は、（まとまった訳文はなくて解説の部分を読みます）訓読は、

子曰く、文は吾れ人の猶《ごと》くなること莫からんや。躬《み》もて君子を行うことは、則ち吾れ未まだ之れを得る有らず。

そして

普通の訓は、ほぼ右のごとくである。そうして、私の文章ないしは学問は、人なみであろうが、君子としての行いを、実践躬行《きゅうこう》することは、まだ不可能であるというのを、その意味とする。古注、鄭玄、新注、みなそうである。しかし、それでよいかどうかは、甚だ疑問であって、「文莫吾猶人也」というち、はじめの「文莫《ぶんばく》」の二字は、子音を同じくする連語で

あるようにも見え、しかも、何を意味する連語かは、あきらかでない。いま、うかつに、説を立てないこととする。

金谷先生は、「文」を、この場合、「勤勉」と訳しているんですね。勤勉というのは、大工仕事などをして働くという意味の勤勉ではなくて、学問の勤勉ということのようですけれども。それに対して吉川先生の方は、「文章ないしは学問」というふうに「文」を訳している。

吉川訳のうち、ちょっとほかの人がいわないようなことをいっているのは、「文莫」という言葉についての解釈です。ふつう、「文は……なし」というふうに二つに分けて読むんですが、これは二字一つの言葉として考えようとしている。ただしこれは吉川先生が最初にいわれたことではなくて、昔の人がすでにいっていることです。「文（bun）」「莫（baku）」、こういう出だしの子音が同じ形容語を「双声《そうせい》」といいます。「声」というのは、出だしの子音のことです。二つ同じ子音が並んでいる。「玲瓏玉《れいろう》の如し」という言葉がありますが、「玲」「瓏」というのはどちらもRではじまります。そういう類の形容詞です。そういう意味で「文莫」は一つの単語かもしれない。断定はしてないんですけれども、そこが違うと思います。

内容的に、「勤勉」と「文章」というのは全然違うことですが、しかし接近させて考えれば、両方とも学問上のこととして論じているわけです。だから「文」というのは「学問」とか「文化」とか、そういうことに近い言葉として論じているといっていいかと思います。

「文」は最高の「おくり名」

それから次は8番です。これは「文」と「学」の二つを並べて関係づけを論じています。

子貢問曰、孔文子何以謂之文也。子曰、敏而好学、不恥下問、是以謂之文也。

（公冶長篇、九三頁）

子貢問うて曰く、孔文子《こうぶんし》、何を以てかこれを文と謂《い》うや。子曰く、敏《びん》にして学を好み、下問《かもん》を恥じず、是《ここ》を以てこれを文と謂うなり。

孔子の弟子の子貢がきいていった。孔文子という人は、名前に「文」という字が入っているが、それはなぜか、という質問と、それに対する答です。敏は、敏捷、敏感の「敏」です。

金谷訳は、

子貢がおたずねした、「孔文子は、どうして文という〔おくり名な〕のでしょうか。」先生はいわれた、「利発なうえに学問好きで、目下《めした》のものに問うことも恥じなかった。だから文というのだよ。」

「孔文子」という人物について、金谷先生は短い注をつけて、「衛の国の大夫、姓は孔、名は圉《ぎょ》。

文子は死後のおくり名」（大夫というのは大臣ですが）と、それだけ書いてあるので、子貢の質問の意味がわかりにくいですね。

これについては吉川先生の解説を読むと、はっきりとわかります。しかも「おくり名」ということについては、中国人の解説を紹介している。「おくり名」とは一体何か。偉い人に対して死んでから特別の名前を差し上げるというのが「おくり名」ですけれども、「おくり名」の意味について、吉川先生は大変おもしろい説を紹介しておられます。例えば、私たちがよく知っているおくり名の一つとしては、陶淵明の陶靖節《せいせつ》です。死んだ後、その人が生きていたあいだの行動ないしは人柄について、これを褒め讃えるという意味がおくり名にはあります。しかしそれだけでなくて、「文」という字のついた「おくり名」の場合は、特別な意味があるということを吉川先生は解説しておられるので、これは日本人も知っておいた方がいいのではないかと思います。そこのところを読んでください（上、一四三〜一四五頁）。

孔文子とは、衛の霊公の女婿であり、またその重臣であった人物であって、姓は孔、名は圉《ぎょ》、文子とは、死後におくられた謚《おくりな》である。〔中略〕

要するに、孔圉という人物は、文子という立派な謚をもらうには、疑問のある人物であった。だから子貢があやしんで、「孔文子は、どういう資格で、文と謚されるに値するのですか」とたずねたのである。

すると孔子はこたえた。かれは鋭敏な人物であり、鋭敏な人物というものは、えてして自己の主観にたよりすぎる結果、じっくりと学問をしたがらないものだが、かれは鋭敏な人物でありながら、学問を好んだ。またその学問好きの一つのあらわれとして、自分より地位能力のおとるものにも、質問を発することを恥じとしなかった。〔中略〕その点で、「文」と謚されるのに値するのである。そう孔子はこたえたというのである。

後世でも、文という謚をもらうのは、高級の名誉であった。唐の文学の代表者の一人である韓愈《かんゆ》が、文公と謚されたのは、それである。また宋以後は、二字の謚が普通となったが、二字の中に文の字を含むのは、おおむね一流の人物である。宋の司馬光《しばこう》が、文正公と謚され、欧陽修《おうようしゅう》、蘇東坡《そとうば》、みな文忠公と謚されるのは、その例であり、うち殊に文正が最高で、文忠がそれに次ぐ。明清では進士出身の大臣は、みな文の字を含む謚をおくられる。明の書家の董其昌《とうきしょう》が、文敏公と謚され、清の詩人の王漁洋《おうぎょよう》、言語学者の王引之《おういんし》は、ともに文簡《ぶんかん》公と謚され、金石家《きんせきか》の潘祖蔭《はんそいん》が文勤《ぶんきん》公と謚されるように、文の謚の価値も、少し下落したようであるが、文正の謚は曽国藩《そうこくはん》に与えられ、文忠の謚は李鴻章《りこうしょう》に与えられるというふうに、文正、文忠は、やはり最高の謚であった。

以上が吉川先生の解説です。「金石家」というのは、金属や石に彫りつけられた銘文、その文字について論ずる学者たちをいいます。長々と読み上げていただいたのは、「文」という言葉がいかに最高の価値をもつものとして、歴史的にずっと『論語』以来、伝統があるか、とくに人が死んだ後、諡として最高の価値をもつ文字が「文」であるということは、中国の儒教のインテリたちにとっては、最高の価値がすなわち「文」であり、「文」という言葉にはそういう意味が含まれている、そういう「常識」をご紹介したいために、吉川先生の説を読んでいただきました。

教養と実践

三番目は「文」ということと「礼」の関係です。これも「文」という言葉を側面から定義するというか、そういう意味があると思ったので取り上げてみたんですが、プリントでいいますと、9番と10番です。9番の方は、岩波文庫の一二二頁。

子曰、君子、博学於文、約之以礼、亦可以弗畔矣夫。

（雍也篇・顔淵篇、一二二頁・一二三六頁）

■子曰く、君子、博《ひろ》く文を学びて、これを約するに礼を以てせば、亦た以て畔《そむ》かざるべきか。

とありますが、間に「於」という字がある場合は、直接下にある言葉を目的語にはしないで、補語にするんです。だから訓読は「文を」ではなくて「文に」と読むべきだと思います。「於」という字は、どこどこにという場所を示す前置詞ですので、「文に学ぶ」の方がいいと思うんですが、吉川先生はどう読んでいますか。「博く文に学ぶ」、「文に」と読んでいるでしょう。「子曰く、君子、博く文に学びて、これを約するに礼を以てす。亦た以て畔《そむ》かざるべし」。

金谷先生の訳では、

先生は言われた。「君子はひろく書物を読んで、それを礼〈の実践〉にひきしめていくなら、道にそむかないでおれるだろうね。」

ここで「文」というのは「書物」という言葉に置き換えてあります。「ひきしめる」という言葉がちょっと熟さないですね。吉川訳はどうなりますか（上、一九七頁）。

君子はまずひろい教養をもたなければならぬ。「博く文に学ぶ」。文の字の意味を、仁斎は、「先王の遺文にして、道の在る所」という。ひろく文化的な事象を指すとしてよいであろう。ところでしかし、かくひろい教養をもつだけでは、いけない。その中心として集約されるものが、なければならぬ。孔子の場合、集約の方法となるものは、礼、すなわち、正しい生活の方式であった。「之れを約するに礼を以ってす」。もしそうした態度であるならば、「亦た以って畔《そむ》かざるべし」、畔かずとは、古注に引く鄭玄の説によれば、「道に違《そむ》かない」ことである。「矣夫」はともに意味をつよめる助字。下論の顔淵第十二にも、もう一度この語が見え、そこでは、君子の二字がない。この条についても、君子の二字がないテキストを、陸徳明の『経典釈文』には、記録する。子罕第九の顔淵の語、「我れを博むるに文を以ってし、我れを約するに礼を以ってす」も、参看すべきである。

ここで、「文」というのは「知識」で、「礼」というのは「実践」という、いま風にいえばそういうこととして解釈してもいいかと思うんですが、ただ金谷先生は「文」を「書物」と訳してしまっています。吉川先生は、もっとひろく「教養」という言葉を使っています。「礼」ということについても、金谷先生は「礼の実践」というのでちょっとわかりにくいんですが、吉川先生は「正しい生活の方式」と訳し換えているので、少しわかりやすくなっているのではないかと思います。それと「約」という字を、金谷先生は「ひきしめる」と訳していて、ちょっとわかりにくいといったんですが、吉川先生は、これを「集約する」と、少しわかりやすく説明しています。

したがって、文化的教養みたいなものだけを身につけたのではだめで、道徳的な実践というか、正しい生活方式のなかでそれを生かしていかなければならないという、そういう関係で論じているんだと思います。

次はプリントの10番です。文庫本は一七二頁ですが、これは長い前半があって、「文」は後半の部分に出て来ます。

顔淵喟然歎曰、仰之弥高、鑽之弥堅。瞻之在前、忽焉在後。夫子循循然善誘

人。博我以文、約我以礼。（子罕篇、一七二頁）

顔淵、喟然《きぜん》として歎じて曰く、これを仰げば弥々《いよいよ》高く、これを鑚《き》れば弥々堅し。これを瞻《み》るに前に在れば、忽焉《こつえん》として後《しりえ》に在り。夫子《ふうし》、循循然《じゅんじゅんぜん》として善《よ》く人を誘《いざな》う。我を博むるに文を以てし、我を約するに礼を以てす。

前半に、弟子の顔回（＝顔淵）が先生の孔子のことをほめている言葉が見えます。「夫子」というのは先生です。ここでも金谷先生はやはり「文」を「書物」と訳していて、吉川先生は「文化」と訳しています。それから「約」も、金谷先生はあいかわらず「ひきしめる」なんですが、吉川先生は「ひきよせる」と訳しています。

金谷先生の訳は、

　顔淵がああと感嘆していった、「仰げば仰ぐほどいよいよ高く、きりこめばきりこむほどいよいよ堅い。前方に認められたかと思うと、ふいにまたうしろにある。（牛若丸みたいなものです（笑））うちの先生は、順序よくたくみに人を導かれ、書物でわたくしを広め、礼でわたくしをひきしめて下さる。」

となっています。「文」を「書物」と置き換えているんです。

吉川訳（上、二九九頁）は、

　顔淵が、はあっとため息をついていうには、先生の人格は、仰げば仰ぐほどいよいよ高く、先生の人格のなかにつき入ろうとして、きり込めばきり込むほど、いよいよ堅い。ふと見れば、まえにいられるかと思えば、ふいにまたうしろにいられる。つまり先生の人格と、その人格にもとづく行動とは、自由自在である。夫子すなわち先生は、循循然と、秩序だった方法で、善《たくみ》に人間を誘って前の方へすすませる。文化ということで私の視野をひろめて下さり、また礼という法則で私を人間教養の中心へひきよせて下さる。そうした先生の教育に、私はついて行かざるを得ないのであり、途中で止めようと思っても、できないようになさる。

さっきいったように、金谷訳は「書物」、吉川訳は「文化」。「約」という字について「ひきしめる」というのと「ひきよせる」という、微妙な違いがあって、この場合も吉川先生の方がわかりやすいだろうと思います。これが「文」という教養と、「礼」という実践との関係、この二つは緊密でなければならないということです。

「文明」としての「文化」

それから次、四番目に、一般的に文明というか、進化というか、文明と文化がどう違うのかというのは、大変むずかしい問題ですけれども、物質文明的な要素を含んで「文」という言葉が使われる。一般教養的なものだけでなくて、世の中の進歩に関係するような、進化というようなことと関係づけて「文」が論じられているのではないかと思われる条があります。それがプリントの11番と12番です。

11番の方は、岩波文庫六〇頁。

子曰、周監於二代、郁郁乎文哉。吾従周。　（八佾篇、六〇頁）

子曰く、周は二代に監《かんが》みて郁郁乎《いくいくこ》として文なるかな。吾は周に従わん。

と読んでいます。「監」という字がありますが、これは「鑑」と同じ意味です。訳は、

先生がいわれた、「周〔の文化〕は、夏《か》と殷《いん》との二代を参考にして、いかにもはなやかに立派だね。わたしは周に従おう。」

それが金谷訳なんですが……。中国史では、国家の形態をなした最初の国家が「夏」ということになっています。夏・殷・周と王朝が続く。その前は五人の皇帝が支配していた五帝の時代だと、司馬遷の『史記』によれば、そういうことになっています。「周は二代に」という、その二代というのは「夏」と「殷」です。吉川訳をお願いします（上、九〇頁）。

二代とは、周に先だつ夏王朝と殷王朝である。監《かんが》むとは、周王朝の文明は、前二王朝の文明のすがたを、観察参考して、つくられたとする宋儒の説が、やはりよろしいであろう。かく過去の文明の長短得失を、参考しつつつくられているから、周の文明は、郁郁乎《いくいくこ》として文《ぶん》で

ある。郁郁とは、盛大な文明の秩序をいう形容詞である。わたしは周の文明を、よりすぐれたものとして、それに従おう。

「監みて」というのは、日本語はそれを鑑《かがみ》としてということだと思います。金谷説では、この「監みる」という言葉を「参考にして」と訳して、吉川先生は「観察参考して」という。ただ、この場合の「文」という言葉の内容ですけれども、金谷先生は「文化」と訳しているんです。それに対して、吉川先生は「文明」と訳しています。これはやはり一般教養としての文化というよりは、むしろ進化していく文明というニュアンスの方が、訳としてはいいんじゃないかと思います。同じく「文」ということを「進化」という概念に近づけて使われている例として、12番です。

子畏於匡。曰、文王已（既）没（沒）、文不在茲乎。天之將喪斯文也、後死者不得与於斯文也。天之未喪斯文也。匡人其如予何。（子罕篇、一六七頁）

子、匡《きょう》に畏《おそ》る。曰く、文王已《すで》に没したれども、文茲《ここ》に在らずや。天の将《まさ》に斯《こ》の文を喪《ほろ》ぼさんとするや、後死《こうし》の者、斯の文に与《あず》かることを得ざるなり。天の未《いま》だ斯の文を喪ぼさざるや、匡人《きょうひと》其れ予《われ》を如何《いかん》。

この話は大変有名ですが、金谷先生は、

先生が匡《きょう》の土地で危険にあわれたときにいわれた、「文王はもはやなくなられたが、その文化はここに（このわが身に）伝わっているぞ。天がこの文化を滅ぼそうとするなら、後代のわが身はこの文化にたずさわれないはずだ。天がこの文化を滅ぼさないからには、匡の連中ごとき、わが身をどうしようぞ。」

と訳されています。「文王」は周の文王、最初の天子です。「先生が匡の土地で危険にあわれたとき」のところに金谷先生は、「魯の将軍の陽虎《ようこ》がこの地で乱暴したことがあり、孔子はその陽虎にまちがえられたのだという。衛から陳に行く途中で、孔子五十七歳のとき。」という注を付けられています。ここはもうちょっと詳しい説明があった方がいいと思うので、吉川先生の方はどうですか（上、二九一～二九二頁）。

「文王既に没す、文茲《ここ》に在らざらんや」。文王とは、周王朝の創始者文王姫昌《きしょう》であって、文王と謚《おくりな》されるごとく、文明の創始者であった。その人はすでになくなっている。だとすると「茲《ここ》」というのは、すなわち孔子自身を指すが、文明の伝統は、私自身の上にこそ存在するはずではないか。〔中略〕

さてかく、文明は自己を媒体として、保持され、継承されている、という自信の上に立って、より論理的な、より強い言葉が、吐かれる。いわく、「天の将《まさ》に斯《こ》の文を喪《ほろ》ぼさんとするや」、もし、文明の滅亡を、万物の主宰者である天が希望していると、かりにしよう。そうしたことはそもそもあり得ないが、もしそうだと仮定するならば、「後に死する者」、すなわち文王より後の時代の人間であるもの、すなわち孔子が、「斯の文に与《あず》かることを得ざるなり」、文明の伝統に参与できないはずで、そもそもある。しかるに自分は、げんに文明の伝統に参与している。だとすると、天は、文明の滅亡を欲しないこと明らかであり、前の仮定は、ただの仮定であること、明らかである。しかしやはり事柄を別の仮定の形でいおう、「天の未だ斯の文を喪ぼさざるや」、文明の滅亡を天が欲しないならば、とあえて仮定の形でいおう。きまりきったことを仮定の形でいうとして、もしそうであるならば、文明の継承者であるこの私を、匡の人間が、天の意思にそむいて、どうしようと思ったって、どうしようもない。

吉川節《ぶし》やね（笑）。中国の天子の命名というのか、呼び名を見てみると、だいたい「文」が先なんです。文王がいて、その息子が武王なんです。文帝がいて、その後に武帝がでてくるんです。これは「文」が上で「武」が下だという価値観、それを非常にはっきりした形で表しているのではないかと思います。ただ、私が疑問に思っているのは、『三国志』の三国の一つに魏《ぎ》という国がありますが、三国志の魏だけが、どういうわけか、親父の曹操、小説の『三国志』で評判の悪い、実際はそんなことはないと思うんですが、評判の悪い曹操が武帝で、その息子、長男が文帝なんです、曹丕《そうひ》という。この曹丕というのは、有名な詩人の弟の曹植《そうしょく》をいじめぬいて、七歩歩くうちに一篇の詩ができなかったら殺すとか、そういうことでいじめたという有名な話がありますが、詩人三父子というのは有名なんです。もっとも優れていたのが下の息子の曹植ということになっていますけれども、親父の曹操もなかなかいい詩をつくっているんです。ただ、ぼくが疑問に感じるのは、どうしてこの時にかぎって、「武」が先なのか……。武力優先時代を象徴してるのか、それはよくわからないんですけれども……。だれか論じてる人がいるはずなんですが、読んだことがないんです。

そういうふうにやはり「文」というものの価値が、いわゆる人間社会が続いていく時の最高の価値として、しかもそれがただ一般教養というようなやわらかいものではなくて、もっと政治的な意味合いを帯びた、世の中全体を前へ押し進めていくものという形、進化するものという形で「文」という言葉が使われているのではないかと思うんです。

それでちょっと細かなことですけれども、文王はすでに死んで、文はもはやなくなってしまったという、「文不在茲乎」の「在」という字について。これは中国語の問題ですが……

国破山河在

国破有山河

右側が杜甫の有名な句で、左側は勝手に書き変えたものです。この所有の「有」という字は、上にくるんです、他動詞みたいに。「何々がある」という時は「有」で、「在」は「どこどこにある」という場合です。しかし、これは山河はどこにあるという、下にどこにという言葉はついてない。これは五言詩だからつけられませんけれども。こういう表現になっているのは、左側の「山河有り」と違うんです。日本語で「あり」というから「有」と「在」は同じもののように思うけれども、「在」はもとのまま、そのままある。もとのままだから、在の下に場所を示す言葉はいらない。「在」というのは非常に強い言葉です。もとのままの形であるというときに「在」という言葉を使います。だからこの「文不在〔文在ラズ〕」というこの「在」もそうで、いつも「在」というのはそういう形で使われるのがふつうです、ただ存在するというだけではなくて。

「文化」の意味

文化という言葉は昔からあるんですか。

あるんです。ただ、カルチャーという意味ではないんです。「文もて化す」というんです。文化的なものをもって人民を教化するという行為。文化というのはもともとそういう意味なんです。いまのような意味の「文化」は、明治の翻訳語でしょう。

この前、ぼくが中国に行った時に、杭州の西湖というきれいな湖があるんですが、そのそばの公園に、札が立っていて、「文化駐車」と書いてあるんです。文化がこんなところに車を停めているのかと思うと、そうでなくて、秩序正しく駐車しましょうと、そういう意味なんです。だからそれがもともとの「文をもて化す」というのと関係があって、道徳を守りましょうというのは、そういう意味なんですよ。

中国にはその意味が残っているわけですね。

残っているんです。「文化教員」という言葉がある。教師です。それは文化を教える先生でなくて、一般教養の先生です。専門でなくて一般的な文化、教養課程の先生のことを文化教員というんです。

文化大革命は（笑）。

あの文化はカルチャーじゃないですね。

そうだね、あれも中国語だけど。非常に非文化的運動だったからね（笑）。

文化大革命の「文化」というのは、中国人の感覚では「思想」というのに近いような「文化」だと思いますね。だから政治革命、経済革命、文化革命という。毛沢東はそういう言い方をずっと以前からしてるわけですね、戦前から。それに大をつけて文化大革命と。だから政治大革命、経済大革命、文化大革命、そういうふうに並ぶんじゃないかと思います。そうするとその文化というのは、一般的に文化を高める、教養を高める、思想を高める、そういう意味と違うかと思う。日本語の文化とはかなり違う、とくに文化住宅、文化包丁の文化とは違いますね（笑）。

「文章」とは何か

プリントの13と14です。この二つでふれているのは、「文」ではなくて「文章」という言葉です。前にも言いましたが、日本人の女の人の名前で文子と書いて「あやこ」と読み、章子と書いて「あやこ」と読むように、日本語の意味は「文」「章」両方とも「あや」です。「あや」、「模様」ということですが、その二つをくっつけて「文章」という言葉が、すでに『論語』の中にでてくる。その一つが13の公冶長篇、金谷先生の本でいうと、九二頁です。

子貢曰、夫子之文章、可得而聞也。夫子之言性与天道、不可得而聞也。（公冶長篇、九二頁）

子貢曰く、夫子《ふうし》の文章は、得て聞くべきなり。夫子の性と天道とを言うは、得て聞くべからざるなり。

ここで金谷先生は、「文章」を「文彩」というちょっとわかりにくい言葉ですが、そういう言葉で訳しておられまして、

子貢がいった、「先生の文彩は〔だれにも〕聞くことができるが、先生が人の性《もちまえ》と天の道理

についておっしゃることは、〔奥深いことだけに、ふつうには〕とても聞くことができない。」

金谷先生は「文彩」という言葉に、「『文章』。朱子は『徳の外に表われたもので、威儀・文辞などみなそれだ』といい、また詩書礼楽のことだとする説もある」と注をしています。詩書礼楽というのは、さっきもでてきましたけれども、これは『詩経』、『書経』、『礼記』、そして『楽記』という本があったと言われています。『礼記』の中に「楽記」という篇もあるんですけれども、要するに基本的教養、孔子学校おける教科書です。そこから書物という意味にも訳され、あるいは学問という意味にも訳され、あるいは教養というふうに訳される、そういう方向性をもっているわけです。それから、「奥深いことだけに、ふつうには」というのを補っているわけですね。これもちょっとわかりにくい。直訳すぎるという感じがしますね。

吉川先生は、「文彩」という金谷訳とちがって、「文化的な行為」と訳しています。それと「性」と「天」を、金谷先生は「性（もちまえ）」と「天の道理」といっているんですが、これの訳も吉川先生の方が具体的でわかりやすいように思います（上、一四二頁）。

子貢がいった。先生の文章を、われわれは、聞くことができる。しかし人間性と、宇宙の法則についての、先生の議論は、聞くことができない。

文章の二字で、子貢が何を意味したかは、じつはよくわからないが、具体的な行動としてあらわれた文化的な意図を、ひろく指すものであり、いまわれわれがこの二字を使うときの、狭義の意味、すなわち言語文化というだけの意味ではなく、礼、楽、という文化的な行為を、ひろく二字の中に含むと思われる。

性すなわち人間性の問題は、孟子以後の儒学の、好んで問題とするところである。しかし、『論語』の中で、それに関する議論は、「性は相近く、習いは相遠し」というのが、下論の陽貨篇第十七に、ただ一つのものとしてある。また天の字は、よりしばしばあらわれるが、やはり陽貨篇に、「天何をか言うや、しかも四時行われ、百物生ず」という遠慮ぶかい言及が、「天道」の性質についての唯一のものであるように思われる。

「性」と「天」というのがパラフレーズしてあるわけですね。

「文章」という言葉のあらわれるもう一つの条は、14番の泰伯篇です。

子曰、大哉、堯之為君也。巍巍乎、唯天為大。唯堯則之。蕩蕩乎、民無能名焉。巍巍乎、其有成功也。煥乎其有文章。（泰伯篇、一六一頁）

子曰く、大なるかな、堯《ぎょう》の君たるや。巍巍乎《ぎぎこ》として唯《た》だ天を大なりと為す。唯だ堯これに則《のっと》る。蕩蕩乎《とうとうこ》として民能く名づくること無し。巍巍乎として其れ成功あり。煥乎《かんこ》として其れ文章あり。

という形で、最後に「文章」が出てきます。「堯」は、堯、舜《しゅん》という並称される古代の二人の天子の一人、五帝のうちの一人です。

先生がいわれた、「偉大なものだね、堯の君としてのありさまは。堂々としてただ天だけが偉大であるが、堯こそはそれを見ならわれた。のびのびとひろやかで人民にはいいあらわしようがない。堂々として立派な業績をうちたて、輝かしくも礼楽制度を定められた。」

「煥乎其有文章（煥乎として其れ文章有り）」というその最後のところを、金谷先生は「輝かしくも礼楽制度を定められた」というふうに訳されているんですね。それに対して吉川先生は「文化」という言葉に置き換えておられます。読んでいただけますか（上、二七七頁）。

ところでまた、政治的道徳的業績というものは、往往にして、色彩とうるおいとに乏しいものであるが、堯の場合は、「煥乎として其れ文章有り」。「煥は明なり」と古注に注する。煥《かがや》かしくも、文化をもった。

私たちはふつう「文章」というと、いまは散文という意味にしか使わないですね。ところが散文という意味で使うようになるのは、中国の場合、わりに後世になってからで、もともとこういう文化的な内容をもつものということで使われてきているわけです。

「文章は永遠に不滅です」

それで「文章」という言葉で中国人がぱっと最初に思い出すのは、皆さんにお配りしたこのプリントです。『全三国文』巻八、魏文帝「典論」論文、と書いてありますけれども、中国の文献というのは非常に整理がゆきとどいていて、いわゆる三国志の時代の三国、魏、呉、蜀の文章の残っているものは全部こういう形で、全集の形、叢書の形に整理してあるんです。だから三国の人たち、例えば、その次の晋にかかりますけれども、阮籍《げんせき》とか、そういう有名な人だけでなくて、ほとんど無名と思われるような人でも、文章家の文章は全部ここに納めてあります。『三国文』の中の魏の文ですが、魏の文帝というのが、さきほどいった魏の武帝の息子、曹丕《そうひ》という人です。その人に「論文」という題の文章があって、これは現在、私たちが学位論文という意味の論文ではなくて、文化的な問題全体について論ずるという、そういう意味の論文なんです。論文というのは、『典論』という本がありまして、世の中の文化現象について、さまざまなことを論じた、そういう長い文章があって、その中の一つに論文、文を論ずという、そういう一項目があります。たいへん有名な文章で、その中に、途中から引用しているんですが、四行目、

蓋文章経国之大業。不朽之盛事。〔蓋《けだ》し文章は経国の大業にして、不朽の盛事なり。〕

これがよく引用されます。

「蓋」というのは漢文によくでてきます。ぼくらが中学で漢文を習った時は、「蓋」というのは「思うに」と訳せと言われたんですけれども、「思うに」と訳したらうまいことといかんことがあるんです。それで、先生、これはうまいこといきませんけどといったら、いや、これも「思うに」と訳せと（笑）。これは英語でいうとperhapsという、「おそらくはこうではなかろうか」という口調と、それから「ところで」「さて」という文章の転換点を示す、そういう口調と二種類あると思うんです。ここは「思うに」でなくて「さて」でしょうね。これは大変大げさなことをいってるわけで、文章というものは国家を経営する大きな事業である。それは巨人軍と同じで不朽不滅（？）だというんですね。永遠に不朽である、そういう盛んな行事であると。

年寿有時而尽。栄楽止乎其身。〔年寿《ねんじゅ》時有りて尽《つ》く。栄楽《えいらく》其の身に止まる。〕

こういう文体は、このころはまだ完全な形になってないんですけれども、前にもでてきたと思いますが、この三国の次の六朝時代に非常に盛んに書かれるようになる、四六駢儷体《しろくべんれいたい》という、ガマの油みたいですが、四六です。これは四字句がペアででてくる、次に六字の言葉がまたペアででてくる。必ずペアで、対句ででてくるんです。これは文章であるにもかかわらず、まるで詩みたいに四と六がくり返しでてくる。それで四六文というんです。駢儷の「駢」というのは二頭立ての馬、馬車で、「儷」というのは人間のアベックのことをいう、人間が二人並んでいる。だから二つ並んだ四六の文ということです。言葉としては非常にきれいなんです。

でも内容は空疎、きれいなのが空疎とはかぎりませんけれども、大変空疎なんです。それが延々と現代まで長生きしてるのが「教育勅語」です（笑）。詔勅はだいたい四六駢儷体でいくんです、下手くそですけれどね。だから「朕惟フニ」、これは二ですけれども、「皇祖皇宗」、四でしょう。「国ヲ肇《はじ》ムルコト宏遠《こうえん》ニ、徳ヲ樹《た》ツルコト深厚ナリ」と四、四。「我カ臣民」、これは一字と二字ですけれども、「克《よ》ク忠ニ克ク孝ニ」と、全部四が続く。「……夫婦相和シ朋友相信シ……」、全部四で、時々六が混じる。いかに空疎であるかということは、文体が示しているわけです（笑）。そういう伝統のはじまりが六朝なんですが、六朝の前の三国の時代にすでにその傾向がはじまっています。これは司馬遷たちが『史記』を書いた時の自由な文体、まるで講談を聞いているみたいに、長い文章、短い文章が入り混じって、切った張ったというような、そういう場面を非常に活き活きと描くことができるような文体とまったく違う、形式的な文体になっているんです。

いま読んだところでも、「文章は経国の大業」、「不朽の盛事なり」と。これは五五ですね。「年寿時有りて尽く。栄楽其の身に止まる」と、これは六六です。対句になっているんです。

二者必至之常期。未若文章之無窮。〔二者、必至の常期《じょうき》ありて、未だ文章の無窮《むきゅう》なるに若《し》かざるなり。〕

要するに文章というものは、世の中を経営する大きな事業であって、いつ朽ち果てるともない永遠の盛んなる事業でもある。人間の年齢（年寿）というものは、時がくると尽きてしまう。人間が身につけた栄耀栄華というものも、その人の個人の身に止まるだけであって、後に残るということはない。この二つ、すなわち年齢（年寿）と栄華という、この二者は必ず至るの常期、いつかそれが消滅するという決まった時期があって、未だ文章の無窮にしかざるなり、文章が無窮であることに比べればとてもおよばない。文章というものは永遠に不滅であると、長嶋みたいなことをいってるわけです。

この場合の「文章」は、私たちが使っている「文章」にほとんど近いです。このあたりから「文章」という言葉が、いまに近い言葉で使われるようになります。ただし、その文章というのは、ここで大げさにいわれているように、ただチョロチョロと書く日記とか、そういうものではなくて、国家を背後にひかえたような、あるいは人生の大事を論ずるような、そういう厚みのある内容をもった文章ということだと思います。

韻文も散文も文章

ところで、ここでいっている「文章」は、いわゆる散文のことではないんです。韻文も含むんです。だから詩もこの中に入ります。ということは、これだけ読んだのではちょっとわかりにくいんですが、次にあげた杜甫の詩を二つ読むと、文章とは散文のことを言うのではないということがわかります。

その一つは、杜甫が李白のことを憶いだしてつくった「春日憶李白〔春日、李白を憶《おも》う〕」という題の詩です。

皆さんは漢詩のことはよくご存じだから、釈迦に説法みたいなことになるかとは思いますけれども、日本式に訓読をしてみますと、

白也詩無敵
飄然思不群
清新庾開府
俊逸鮑参軍

白や　詩　無敵
飄然として　思い群《ぐん》ならず
清新《せいしん》　庾《ゆ》開府
俊逸《しゅんいつ》　鮑《ほう》参軍

渭北春天樹
江東日暮雲
何時一尊酒
重与細論文

渭《い》北　春天の樹《き》
江東　日暮の雲
いずれの時か　一尊の酒もて
重ねて与《とも》に　細《こま》かに文を論ぜん

こういう形式の詩を「五言律詩」というんですが、律詩というのは八句でできていまして、真ん中の第三、四句と第五、六句が必ず対句になっています。第三句の「庾《ゆ》」と第四句の「鮑《ほう》」は人の名前です。開府と参軍は役職の名前で、対になっています。第五句の「渭北」は渭水《いすい》という川の北、次の「江東」は長江（揚子江）の東ということで、これも隣同士が対になっています。

五言詩を読む時は必ずこういうふうに上二と下三と切るんです。どんな詩でも必ずこう切れる。中国人がつくった詩は、全部こういうふうに切れるんです。そして下の三は必ず、一と二か、二と一に切れます。漢字というのは、くっつけようと思っても、どうしてもくっつかない二字の漢字がある。それに対して、くっつけたらぴゅっとくっつく、磁石のNとSみたいな漢字があるんです。例えば、「無敵」というのは二字くっつく。それから「不群　群《ぐん》ならず」。そして「庾　開府」「鮑　参軍」、それから「春天」「日暮」、二字ずつくっつきます。最後は「一尊の酒」、「細かに　文を論ず」、「論文」という言葉がここにでてきます。

いっています。

「白也」の「也」は、呼びかけの言葉です。『論語』の中でも、弟子に向かって、「誰々也」と

李白さん、あなたの詩は、無敵である、かなうものなし。天下無敵の詩人である。飄然として、一般の人からはるかにかけ離れていて、その思い、というのは詩についてのアイディアのことです。「詩思」というんですが、それはとても比べられる者はいない、ともに並ぶ者はいない。群ならず。

六朝時代に庾信《ゆしん》という詩人がいた。それから鮑照《ほうしょう》という詩人がいた。役職が「開府」というのは総理大臣で、「参軍」というのは参謀で低い身分ですが、そのフレッシュな詩の内容はまるで庾開府のごとく、俊逸というのはスマートということで、そのスマートさは鮑参軍に似ている。

いま私は渭水《いすい》という川、これは長安の都の北の川で、そこの春の日の樹のもとにいる。あなたはといえば、江東、すなわち揚子江の東ですから、これは揚子江下流の東で、上海、南京の方ですから、間は非常に離れているわけです。いまの西安と南京ですから、昔でいうと二千里ぐらい離れているわけです。その離れたところに、二人はいまいる。しかし「いずれの時か、一尊の酒もて……」。「一尊」の「尊」は尊いという意味ではなくて、「樽」という字がまだなかったころは、この字を使っていたんです。発音がいっしょだから。「尊」の字はここにこれ(酉)があるんです。これは前にもいいましたけれども、酒に関する字は全部、酉がついている。「酔」っぱらう

とか、酒を「酌む」とか、全部この酉がついているんです。これが部首になって、辞書を引く時は三水ヘンで引いてもでてこない、酉で引かないといけない。一樽の酒もて、重ねて、前もそういうことをやったけれども、もし今度会ったらまた、細々《こまごま》と、ここでいう文というのが、すなわち文章、すなわち散文と韻文を含めた、いまでいえば文学です。文学論を戦わそうと、杜甫はそういっているわけです。唐代になると、文という言葉がこういう形の、文化全体ではなくて、その中の文章とか詩とか、そういう文学という狭い意味に集約されていっている。

その次は、読むだけにしますが、同じ杜甫に、「旅夜書懐《りょやしょかい》」という詩があります。「旅の夜に懐《おも》いを書《しる》す」と読みます。

細草微風岸
危檣独夜舟
星垂平野闊
月湧大江流
名豈文章著
官応老病休
飄飄何所似

「細草　微風の岸　危《き》檣《しょう》独夜《どくや》の舟」、これは最初から対句になっているわけですが、細い草がそよ風になびいている岸辺、杜甫はその時、舟旅の途中にあって、「危檣」というのは背の高い帆柱です。危ないのではない。背の高い帆柱をつけた舟に、私はひとりこの夜をすごしている。星は降るように、「星は平野に垂れて広く」あるいは「星は平野の広きに垂れ」、「月は大江《たいこう》の流るより湧く」、月が湧くようにして大河の向こうから出てくる。その次が、「名豈《あに》文章もて著われんや」あるいは「著わさんや」、ここは二説に分かれるんですが、「官は応《まさ》に老病《ろうへい》もてやむべし」、「休」というのは、休むのではなくて、やめるという意味です。「飄飄《ひょうひょう》何の似るところぞ、天地の一沙《さ》鷗《おう》」、川原にいる鷗《かもめ》をいうんですが、ここに文章という言葉がまたでてきます。この文章は詩です。詩、散文を含めた文学です——自分の名はどうして文学で著われることがあるだろうか、という解釈と、どうして文学などで有名になるものか、私が有名になる手だては文学ではない。政治的な行動によってわが名を著わしたいというのが、杜甫の意図なんだという説もあります。これは杜甫論のポイントになるわけです。で、「官はまさに老病もて」、役人としての生活ももはや病気と老齢によって、いま終ろうとしていると。

　ここでいっている「文章」は散文と韻文をふくむ、いわば「文学」ですが、散文だけをさす場合もあります。「文章は西漢の両司馬」という場合がそうです。文章、すなわち散文は、西漢というのは西の方に都があった、はじめの漢、前漢です。東の洛陽に都をおくのが東の漢、後漢ですけれども、前漢時代の二人の司馬、この司馬の一人は明らかに司馬遷です。もう一人は司馬遼太郎ではない（笑）。司馬相如《しょうじょ》です。こういうふうに散文という意味で限定されて使われる使い方と、散文・韻文を含めた文学という広い意味で「文章」が使われる、そういう例があります。

たった一度だけ出てくる「文学」

以上がだいたい『論語』の中に表れる「文」と、それ以後の歴史ですが、今度は「文」と「学」とが結びついて「文学」という言葉が……。これは『論語』の中にただ一度だけ表れます。一度だけ表れるということは、ポピュラーな言葉ではまだなかったということですが、すでにこういう言葉が生まれていたということがわかります。

前回の最後に申しました。『論語』の中に「学問」という言葉がでてこなくて、その代わりのような形で「文学」という言葉がでてくると。ただし、それは一度しかでてこないんですけれども、「文学」というのは、じつはちょっとわかりにくい言葉というか……。この前も話題にしましたけれども、大学の学部名で、経済学部、法学部、農学部、工学部、理学部、文学部、それぞれの英

経済学部	the faculty of economics		
法学部	—	law	
農学部	—	agriculture	
工学部	—	technology	（工学 engineering）
理学部	—	science	（理学 physical science）
文学部	—	literature	

学部とその英語表記

訳はふつうこういうふうに訳しているみたいです。経済学部は経済の学問をするということが非常にはっきりしてるわけです。あとは、全部、「一字＋学」で学部となっています。法学とか農学とか工学とか理学というのは、いろんな訳し方はあるでしょうけれども、一つの学問体系をもったものという、そういう言葉として日常的に使うわけです。彼は農学に詳しいとか……。

ところが文学というのは、学問かどうか。彼は文学に詳しいといったときに、例えば文学史とか文学理論とか、そういうことなのか、あるいはもっと狭い、小説のことをよく知っているとか、そういうことになるのか、文学という言葉の幅はほかの「○学」という言葉とちょっと違うんじゃないか。だから文の学問なのか、それとも文学という一つの熟語なのか、そのへんが曖昧なまま現在に至っているのではないかという感じがします。もともと中国での使い方自体が、そういう意味をもっているのではないかという感じがするんですが、ただ中国では『論語』以来、「文学」という言葉が「学問」の代わりに使われてきたということは明らかです。

前にも引きましたが、プリントの15番に、『論語』先進篇にでてくる、弟子を順番に名前をあげて、こいつはこれに向いている、これに優れているということを論じた部分があります。岩波文庫でいいますと、二〇二頁です。

徳行顔淵閔子騫冉伯牛仲弓、言語宰我子貢、政事冉有季路、文学子游子夏。

（先進篇、二〇二頁）

――徳行は顔淵、閔子騫《びんしけん》、冉伯牛《ぜんはくぎゅう》、仲弓《ちゅうきゅう》、言語は宰我《さいが》、子貢《しこう》、政事は冉有《ぜんゆう》、季路《きろ》、文学は子游《しゆう》、子夏《しか》。

こういうふうにでてくるんです。ここに出てくる「文学」という言葉ですが、プリントに、

若文章博学、則有子游・子夏二人也。（宋・邢昺《けいへい》の『論語』の疏）

〔文章博学の若《ごと》きは、則ち子游・子夏の二人有るなり。〕

というのが引用してあります。文学という言葉の意味が今のように文学オンリーに限定されるのは、わりに最近なんです。それまで文学というのは、儒教とか老荘思想とか、そういうものを含めた、いわば中国学みたいな形の学問分野、文学と哲学が分離してない分野だったんです。戦後

はそういうことがなくなって、文学オンリーになりましたけれども、それでもやっぱりどうしても文学の中に「四書五経」の類はでてくるわけです。ですからそれを知ってないと中国文学はできないので、中国文学を専攻する学生は全部、『十三経注疏《じゅうさんけいちゅうそ》』というものを買わされるわけです。ぼくは貧乏だったから買えなかったので図書館へ行って見てたんですけれども。

「十三経」というのは「四書五経」のほかにいくつか入れて、それに注がついているだけでなくて、注の注である「疏」——注をパラフレーズしたもの——がついているんです。邢昺というのは、唐の次の宋の人ですが、十三経というのは、周礼《しゅらい》、儀礼《ぎらい》、それから「春秋左氏伝」というのはよく知られていますけれども、「春秋公羊《くよう》伝」、「春秋穀梁《こくりょう》伝」というのがありまして、そういうのを含めて、「四書五経」プラス、それらを加えて全部で「十三経」というんですが、「十三経」にそれぞれ注がついていまして、その注にさらに疏がついているんです。邢昺という人は、十三経の注疏のそのうち『論語』と『孝経《こうきょう》』と『爾雅《じが》』という三つの本（『爾雅』というのは字引です）に疏をつけた人です。

その疏の説明によると、「文学は子游・子夏」とは、「文章博学のごときは、則ち子游・子夏の二人有るなり」ということだといっているわけです。ここで「文学」のことを「文章博学」といっています。文章と、広く修めた学問と、この二つをくっつけて「文学」といっている。言い換えれば、文章に定着した学問、そういう説明もできるかと思います。

それに対する同じ宋の朱子、朱熹も注をつけています。

曰其所長、分為四科。〔其の長ずる所を目して、分けて四科と為す。〕（朱熹集註）

弟子の長所とするところに目をつけて、四つの部門に分けた。それが徳行、言語、政事、文学だというのです。

漢文や漢詩のむずかしいところは、むずかしい言葉がでてくる箇所ではなくて、実はやさしい言葉がむずかしいんです、変ないい方だけれど。というのは、むずかしい言葉がでてきたらわからないから字引を引くわけです。しかし「言語」というような言葉がでてきても、字引はほとんど引かない。ところがこの前いったように、日本語と違うんです、孔子の時代の「言語」というのは。これはいろいろ文献を読むとわかるんですが、外交交渉の時に使うような言葉をいう。「言語」というのはひとりでしゃべるのではなくて、対話なんです。「語」というのはそうなんです。「言」はこっちからしゃべる、「語」はお互いに対話をするのが「語」なんです。そういう意味がもともとあって、日本語の「言語」と違うんだということを知ってないと、漢文は正確に読めないということになる。だからそこが本当はむずかしい。政事というのは細々《こまごま》とした行政みたいなことです。文学というのは、文学でなくて学問なんです。そういうふうに意味が日本語とずれている。徳行はあまり変わらない。

後世の「文学」

その「文学」という言葉が後世ずっと使われ続けるわけですが、その有名なものとして、『世説新語』のプリントをお渡ししてあります。六朝時代に宋という国家があって、後に唐の後の宋と区別するために、六朝の宋のことを劉宋《りゅうそう》といいます。劉という名字の天子が支配していたから、劉宋といいます。宋というとどっちの宋かわからないから、劉宋というと、ああソウかということでわかるようになっているわけです（笑）。劉義慶――これは王族の一人だと思うんですが――という人がいて、この人が後漢から六朝の初期にかけての知識人たちのエピソードを部門別に分けて集めた、そのエピソード集です。それは例えば、冗談のうまい男とか、金儲けにたけた男とか、宗教に関心のある男とか、そういう何人もの男をいくつかの部門に分けて紹介した。

その中にじつは「文学篇」というのがあるんです。ところが、その文学篇というのを読んでみると、ぼくらが思っている、いわゆるリテラチャーという意味とは全然違うということがわかります。でてくるのは、全部学者ばっかりです。一例としてお目にかけようと思ってプリントしました。これが文学篇なんですが、その何項目目かにでてくる「鄭玄《じょうげん》」、この最初の文字はふつうは鄭《てい》と読みます。鄭玄の注のことを鄭注《ていちゅう》というんです。ところが名前は鄭玄《じょう》と読むんです。なぜかというと、前にもお話ししましたが、鄭《じょう》というのは呉音で、鄭《てい》が漢音です。漢文を読む時は、漢音で読めと言われて来た。ところが呉音の時代から鄭玄の名前は知られていて、みんな鄭玄《じょうげん》さんといったものだから、それが残って鄭玄《じょうげん》というんですが……。

鄭玄欲注春秋伝尚未成。時行与服子慎遇宿客舎。先未相識。服在外車上与人説己注伝意。
〔鄭玄、春秋伝に注せんと欲して、尚《なお》未だ成らず。時に行きて服子慎と遇《あ》いて客舎に宿る。先に未だ相識《あいし》らず。服、外車の上に在りて人と己《おのれ》の伝に注せし意を説く。〕

「服子慎《ふくししん》」は、服虔《ふっけん》という人です。「先に未だ相識《あいし》らず」は顔見知りでなかった。服虔というのも学者ですが、外に停めてあった車の上で、人と（「人のために」と読んでもいいんですが）、己《おのれ》の伝に注せし意を説く。自分が施した注の意図について説明していた。

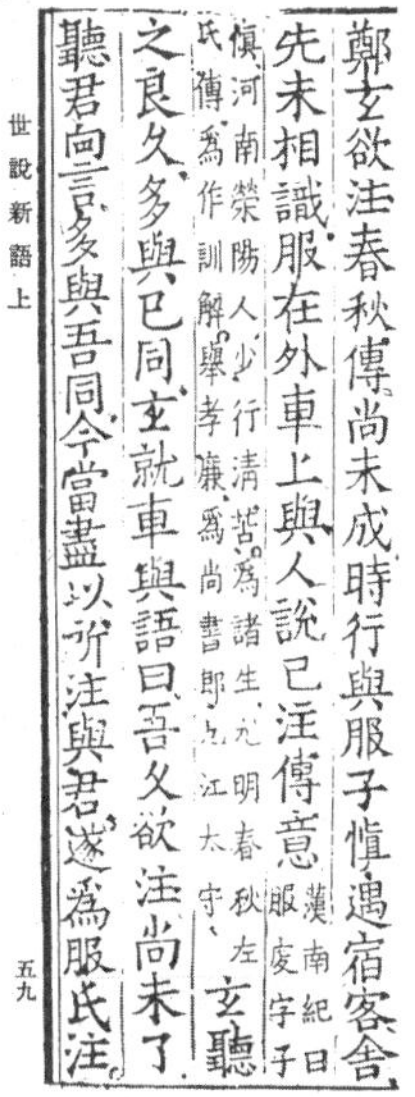
世説新語上　五九
鄭玄欲注春秋傳尚未成時行與服子愼遇宿客舍先未相識服在外車上與人說己注傳意（漢南紀曰服虔字子愼河南滎陽人少行清苦爲諸生尤明春秋左氏傳爲作訓解舉孝廉爲尚書郎九江太守）玄聽之良久多與己同玄就車與語曰吾久欲注尚未了聽君向言多與吾同今當盡以所注與君遂爲服氏注

『世説新語』文学篇

ところで「慎」という字、下のテ

ンの一つが書いてありません（慎）。これは印刷が悪くて落ちているのではないんです（笑）。この字を書いたら牢屋へ入れられる。欠画《けっかく》といいまして、天子の名前と同じ字は、ほかの字に変えるか、例えば「広」なら「弘」に書き換えるか、それとも「広」の最後のチョンを取る（広）んです。そうしたら違う字になるだろうと。一画欠くわけです。だから服虔の「虔」も「虔」でしょう。鄭玄の「玄」も「玄」です。玄宗皇帝の時はこの字が使えなかったわけです。

小さく二行に分けた字は、その注です。

漢南紀曰。服虔字子慎、河南滎陽人。少行清苦、為諸生。尤明春秋左氏伝、為作訓解。挙孝廉、為尚書郎、九江太守。

〔「漢南紀」に曰く、服虔、字は子慎、河南、滎陽《けいよう》の人。少《わか》くして清苦《せいく》を行い、諸生と為る。尤《もっと》も春秋左氏伝に明るく、為に訓解を作る。孝廉《こうれん》に挙げられ、尚書郎《しょうしょろう》、九江太守と為る。〕

「諸生」は当時の大学生、「孝廉《こうれん》」は役人になる資格をとること、「尚書郎《しょうしょろう》」は役職の名、「太守」は知事です。こういう服虔についての注がはさんでありまして、服虔が車の上でほかの人に『春秋』の注をつけた自分の意図についてしゃべっていた。

玄聴之良久。多与己同。玄就車与語曰、吾久欲注、尚未了。聴君向言、多与吾同。今当尽以所注与君。遂為服氏注。

〔玄、之を聴くこと、良久《やや》し。多く己と同じ。玄、車に就きて与《とも》に語りて曰く、吾、久しく注せんと欲せしも、尚《なお》、未だ了《おわ》らず。君の向《さき》の言を聴くに、多く吾と同じ。今、当《まさ》に、尽《ことごと》く注する所を以て、君に与《あた》えん。遂に服氏の注と為る。〕

「良久《やや》し」はしばらくのあいだ、「就《つ》きて」は近づいて、「向《さき》の」は以前の、です。ですから、服虔は途中までやっていて、鄭玄にもらったものを付け足して『春秋伝』の注、服虔注ができあがったと、そういう話です。

『世説新語』文学篇にはこんな話ばっかり書いてあるんです。いわゆるリテラチャーとは何の関係もない。文学が学問という意味であることは非常に明らかです。これが一つの例です。

詩の中の「文学」

それから「文学」という言葉のもう一つの例は、杜甫の「送顧八分文学適洪吉州」という詩です。そういう題の杜甫の詩があり、その中に次のような句があります。

文学与我遊　　文学　我と遊ぶに
蕭疏外声利　　蕭疏《しょうそ》として　声利《せいり》を外にす

いつも申しますように、漢文は二字の言葉と一字の言葉からできています。どんな漢文でも全部そうなんです。完全に分解すると、全部一字にばらばらになってしまうんですね、一字ずつ意味がありますから。ところが漢字の中には、仲のいい漢字と、仲の悪い漢字があって、くっつく漢字とくっつかない漢字があります。二字のくっつく漢字をまずくっつけるわけです。

この場合、上から読んで、「送顧」、これはくっつきません。ばらばらなんです。だからこれはばらばらにしておくしかしょうがない。次、「八分」はどういうことかわからないけれども、くっつきそうだ（笑）。「文学」、これはくっつく。そして「吉州」というのは地名です。

いろいろ調べてみると、「洪州《こう》」という州もあって、「吉州」という州もあります。洪州と吉州です。残ったのが「適」で、これを字引を引いてみると、どこどこへ行くという意味があるということがわかります。そして「顧」は「かえりみる」と違って、名字だなということがわかります。顧頡剛《こきつごう》とか、顧という名字の人がいるんです、それから「八分」というのは、じつはあだ名なんです。八ちゃんです（笑）。で、「文学」というのは役職の名前なんです。

「顧八分文学の洪・吉州に適《ゆ》くを送る」。このように二字と一字に切りますと、すらすらと……、まあすらすらとはいかんけれども（笑）、読めるようになる。

「八分」はあだ名だと申しましたが、むかしの篆書と隷書のあいだに、「八分」というスタイルの書があったのです。その書体のうまい人を「八分」、「八ちゃん」と呼んだわけです。「顧八分文学」、この「文学」というのが、じつは「太子文学」という、皇太子の学問係の役職です。時代によってその中身はちょっとずつ違うんですが……。

この詩の中にも「文学」という言葉が出てきます。「文学　我と遊ぶに蕭疏《しょうそ》として声利《せいり》を外にす」。文学という役職の学者が私と遊ぶ、というのはパチンコして遊ぶのでなくて、交流する、つきあっているが、ひっそりと声利、すなわち名声とか利益ということを度外視するような人物である、と褒めているわけです。

それから杜甫よりももう少し後の時代、白楽天なんかと同時代に、韓愈《かんゆ》という有名な詩人で学者がいました。この人の詩を二つ、そこにあげてあります。

「上兵部李侍郎書〔兵部、李侍郎《りじろう》にたてまつる書〕」、これは書ですから手紙です。兵部というのは、陸軍省みたいなところですが、そこの李侍郎、侍郎というのは陸軍次官にあたりますけれども、それにたてまつった手紙です。

性本好文学。〔性、本《もと》、文学を好む。〕

これは韓愈が自分のことを紹介して、そういっています。「私は生まれつき、文学が好きです」と。それから同じ韓愈の、「答竇秀才〔竇《とう》秀才に答う〕」という、これも文章です。

遂発憤篤専於文学。〔遂に発憤《はっぷん》して、篤《あつ》く文学に専《もっぱ》らす。〕

この韓愈という人は、「古文運動」と呼ばれていますけれども、文体改革運動をした。さきほどの四六駢儷体の文章が六朝で流行っていて、それがずっと影響を与えて、杜甫のころにもまだ散文は四六駢儷体が主体だったわけです。詩そのものはものすごく改革が加えられて、変化が起こったのに、散文は旧態依然だったので、そこで韓愈やその友だち、柳宗元たちが新しい文体を興そうとしたわけです。ところが、その新しい文体というのは、まったく新しい文体でなくて、むしろ古い文章で、古文です。司馬遷たちのあの自由な文体です。古文をもって革新をするという、そういう運動を興したんです。それを「古文運動」といいます。

篆書と隷書

篆書《てんしょ》という書体と、隷書《れいしょ》という書体とがあることはご存じだと思いますが……。ここで千円札の話をしたことはありませんか。ちょっと千円札を出してください。一万円でもいいですよ、同じだから。ここに赤いはんこが押してあるでしょう。これが篆書なんです。

篆書というスタイルの字を彫るから、篆刻《てんこく》というんです。篆を刻むから。はんこ作りのことを篆刻というでしょう。何て書いてあるかというと、「總裁之印」と書いてあるんです。そう言われるとそうかいなと……（笑）。これは日本銀行総裁の印なんですけれども、日本銀行をくっつけると大きくなりすぎるので、「總裁之印」と四字に縮めているんだと思います。これが総裁の印です。篆書はなかなか真似できないから、それで実印なんか、いまでもこの字で作る。これはいいことを聞いたと思って、今日、家に帰って、奥さんにこれ読めるかときく。たいていの人は読めないですね（笑）。ところが憎たらしいことに、読める人が時々いるんです。「總裁之印」だろうと。その時どうするかというと、ぱっと裏を向けるんです。裏にも……、これが読めない（笑）。これが篆書なんです。

篆書というのは、ちょうど秦の始皇帝のころ、いまから二千二百年以上前ですが、そのころに中国人が書いていた書体なんですけれども、これではあまりに煩雑すぎます。秦の始皇帝が天下を統一して政治を行うためには、役人をいっぱいあちこちに分配して、そこ

でいろんな書類を作らせざるをえない。そういう事態が発生したときに、役人たちはこんな字は書いていられないから、自分たちで合理的な字、別の漢字ではなくて、伝統的な漢字を簡略化して作ったのが、隷書という……、これは奴隷の隷です。下っぱ役人が作った書体が流行りだすんですけれども、これはほとんどいまの楷書といっしょです。千円札にもちゃんと隷書が書いてあります。千円の「千」という字、これが隷書のスタイルです。いまでも書道をやる人で隷書を書いている人がいます。上に「日本銀行券」とあるでしょう。これも隷書ですが、読めますね。ところが一字ずつ取ってきて、例えば、この「行」という字は、「行」と書いてあるんです。これだけ取り出したら、何という字かわからない。郵便局のしるしが二つあるのかと(笑)。わからないんです。

皆さんの身近なことでいえば、『朝日新聞』をお取りですか。「朝」という字が、こう(朝)書いてあるんです。突き抜けていないんです。月は右が離れているんです、いまはくっつけるんですけれども。新聞の「新」という字が一本多いんです、「木」ではなくて「木」。これが隷書なんです。だから隷書は書き方だけと違って、一本多かったり、曲げ方が違ったりするんです。それで小学生がこれを見て、おかあちゃん、朝日新聞、間違っていると(笑)。おかあちゃんが見てみたら、ほんまや、まちごうとる。それは教えてあげんとあかんわと、朝日新聞に電話をかける。で、出てき

た新聞記者が若い者だから、隷書を知らないんです。あ、ほんまや、うちの新聞まちごうとると（笑）。それですぐに社長に電話をする。社長もこのごろ若いですから知らん。ほんまやな、これは直さんとあかんと。この話はうそですけれどね（笑）。

だから日常的に隷書はいまでも生きているんです、ぼくらの生活のなかで。今の楷書とちょっとずつ違うだけです。

日本における「文学」

「文学」というのは、だいたい学問、あるいは学問係というような役職の名前のときにしばしば使われて来た。日本でもそれを受けて、「文学」という言葉が学問係という意味で使われることがありました。

ここに『懐風藻《かいふうそう》』という日本で最初に日本人の漢詩を集めた本があります。王朝時代の六十四人、百二十首の詩が集められています。日本人というのはなかなか秀才が多く、ここにでてくる一番古い人は、杜甫よりも前の人です。大津皇子とか、そういう人が漢詩をつくっているんです。しかもちゃんとした漢詩です、中国人が見てもおかしくないような。それらを集めたのが『懐風藻』なんですが、これには七五一年の序がついています。『懐風藻』の序というのは、読み方が日本式読み方になっていまして、ふつうの訓読とはちょっと違うんです。これは「岩波」の『日本古典文学全集』の読み方です。

旋招文学之士、時開置醴之遊。当此之際、宸翰垂文、賢臣献頌。雕章麗筆、非唯百篇。
〔旋《しばしば》文学の士《をのこ》を招《を》き、時《ときどき》に置醴《ちれい》の遊《あそび》を開きたまふ。この際《きは》に当たりて、宸翰《しんかん》文を垂らし、賢臣頌《けんしんしょう》を献《たてまつ》る。雕《てう》章麗筆《しやうれいひつ》、唯《ただ》に百篇のみにあらず。〕

最初の「旋」という字は、ふつうは「たちまち」とか「また」とか読むんですが、ここは「しばしば」と読んでいます。「置醴」の「醴」というのは、どぶろくですからお酒です。宴会を開いた、と。「宸翰《しんかん》」というのは、天子が自ら書いて、文章を皆に示した。これは文と詩と両方を含むと思うんですが。「賢臣《けんしん》」、すぐれた臣下たち。「頌《しょう》」というのは天子を讃える言葉、あるいは詩です。「雕章麗筆《ちょうしょうれいひつ》」すぐれた文章、すぐれた書き方で、「唯に百篇のみにあらず」――ここにあるのは、そういうものを集めて百篇を越えるものだ。そういうことがあって、「文学之士」を招いたと。ここに「文学」というのがでてきます。この場合の「文学」は役職の名前ではなくて、文学に詳しい人たち、文学に長けた人たちという意味ですから、これは現在の「文学」と大変似ていまして、しかし似てるけれども、小説とかではなくて、詩なんです。漢詩です。

それから次は役職としての「文学」です。このあいだ、『朝日新聞』の「天声人語」にこれが出ていて、『令 義解《りょうのぎげ》』と読むんですね。呉音なんです。「令《れい》」は漢音で、『解夏《げげ》』というさだまさしの小説がこのごろ流行っていますけれども（笑）、あれは「げげ」と読むでしょう。呉音なんです。これも解《げ》なんです。『令 義解《りょうのぎげ》』。意味は令の意味について解釈した、いろんな法令の解説です。これは天長年間ですから、八二四〜八三四年、中国でいえばちょうど白楽天のころです。

家令職員、文学一人、掌執経講授。〔家令《かれい》の職員《しきゐん》、文学一人《いちにん》、執経《しっけい》、講授《こうじゅ》を掌《つかさど》る。〕

「家令の職員」というのは、家令は内親王ですから、天子の娘、そのお付きの役人です。それに「文学」という名のついたのが一人おる。内親王の学問係のことです。女性にも学問を教えたわけですね。彼らは何をしたかというと、「経を執《と》りて講授す」――儒教の本を教えたと、そういう仕事だったというんです。

それから、だいぶ時代が下りまして、江戸時代になってしまうんですが、一七八五年に、『邀翠《ようすい》舘集《かんしゅう》』という、「邀」という字は、迎えるという意味で、『邀翠舘集』というのは、ぼくも知らなかったんですが、調べてみると、伊藤錦里という、江戸時代の漢詩人の作品を集めた漢詩集の名前だそうです。それに序文がありまして、その序文はもちろん漢文で書いてあります。

国初已来、藩国必置文学。其職講経。〔国初已来、藩国必ず文学を置き、其の職は経を講ずるなり。〕

とあります。「国初已来《いらい》」の国というのは、この場合、江戸幕府のことだと思います。江戸幕府がはじまって以後。「藩国」は各藩。藩校というのはあちこちにありましたけれども、必ず藩校を開いて、そこに学問の教授職、文学という職を置いて、その仕事の内容は儒教の「経書」を講ずることである。こういう形で江戸時代でも「文学」というのは、学問と同義に使われています。

それから現代になります。有名な西周《あまね》という人です。この人に『百学連環』という本がある。といっても、私はこの本のことに詳しくないんですけれども、どうもこれは自分で書いた本ではなくて、講演か講義したときの速記録というか、ノートをとった人が何人かいて、『百学連環』のノートは一種類だけでないみたいですが、そのうちの一つ、これは一八七〇年です。『百学連環』というのはいろんな学問について論じたものです。明治になって作られた新しい日本語、科学とか教育とか経済とか、いろんなものがでてきますけれども、そのうちのかなりの部分がこの本にはじめて現れる、その中に「文学」という言葉がでてきます。

此の文学なるものは如何なることより始り、如何なることに止るといふを論ぜむには、……

と、はじまるわけです。ここでいう「文学」が、これがリテラチャーの翻訳の最初だということになっています。だから江戸時代以前は、「文学」は中国と同じで「学問」という意味でしか使われなくて、明治になってはじめて、「リテラチャー」という言葉の翻訳語として「文学」という言葉が使用されるようになったということのようです。

結論としていえば、「学問」という言葉は、前にいったように、きわめて初学的な、初歩の勉強という意味が大変濃い言葉であって、完成した学問というときには、「文学」という言葉が昔は使われたのではないか、そういうふうに思われます。中国語で「学者」という言葉がありますが、日本語の「学者」は既成の学者ですけれども、中国の「学者」は「学ぶ者」という進行形で使うんです、いまでも。一方、中国文学を専門にしている学者というときは、中国文学の学者といわないで、専家《せんか》あるいは学家といいます。中国語の場合、「学者」というのは、いま一生懸命勉強している大学院の学生みたいなのが学者です。そのへんは中国語と日本語は同じ漢字を使いながら、かなりニュアンスの違いがある。漢語というのはなかなかくせ者です。それが今日の結論です。

憲法

私このあいだ、「憲法」という言葉について論ずるために、「法」の方はわかるんですが、

「憲」の字を調べてみたんです。そのきっかけになったのは、昭和天皇が憲法ができた時に作った、短歌でした。そこでは「国の掟」という表現で「憲法」という言葉は使ってないんですけれども、新憲法が生まれたことを、まるで空が明けていくような明るい気分で迎えたということを天皇がいっているんです。あれを現在みんなが（特に天皇崇拝者が）思い出したらいいと思うんですけれども……。

じつはこのあいだも「憲法」という題で、短い文章を書いたんですが、これを思いついたのは、その和歌がおもしろかったので、「憲法」という短文を書いたのです。

うれしくも国の掟の定まりて　明けゆく空のごとくもあるかな

誰がつくったものかということを、はじめは伏せておいて、最後に種明かしをするという方法で書いたんですが、これは昭和天皇が作ったんです、新憲法ができた時に。昭和天皇に責任をとってもらわんといかんなということで、この文章を書いたわけですけれども、ポイントはそのことにはなくて、「憲」という字です。「憲法」という言葉が最初にでてくるのは「十七条の憲法」で、『日本書紀』にでてきますけれども、中国ではもっと古いんです。非常に古く「憲法」という言葉が、国の憲法という形で使われています。ところが「法」の方はわかるとしても、「憲」は一体どういう意味かということで調べてみると、文字学者たちの説を調べてみると、困惑せざるをえない。

その短文ではA先生、B先生と書いているんですが、最初のA先生は白川静先生で、これは『字解』の説です。この方の漢字解釈は、前にも申しましたがシャーマニズムに傾いていまして、それでいいのかいなというところがあります。「憲」の下に心がありますが、その「『心』を取った上の部分は、把手《とって》のついた大きな針で目の上に刑罰として入れ墨を加える形、すなわち刑罰を意味する。かくて『憲』は刑罰によってことを正す『おきて』、『法』の意味となり、また『のり、手本、模範』の意味となった」。これが白川先生の説です。

次が藤堂明保先生です。「上の部分は『かぶせる物』プラス『目』から成り、目の上にかぶせて、勝手な言動を押さえる枠を示す。『害』の字の上部と似ている。『憲』はこれに『心』を加えて、目や心の行動を押さえる枠のこと」という。

最後が加藤常賢先生です。「『帽子』と『目』を合わせた字に『心』を加え、心の敏《さと》い意となる——何故そうなるかは説明してないんですが——。法の意味に使うのは借用で——元来、法とは関係のない字だというんです——この字の古音『ベン』が『法』の音に近かったために借用されたにすぎず、この字に法の意味は全くない」と。

三先生、全部違うんですね。読んでいたらおもしろいんですけれども、ほんとはどうなのかという疑問が生じるわけです。

6

〈仁〉

『論語』の中の〈仁〉

＊或曰、雍也、仁而不佞。子曰、焉用佞。禦人以口給、屢憎於人。不知其仁也、焉用佞也。（公冶長篇、八五頁）

＊孔子曰、益者三友、損者三友。友直、友諒、友多聞、益矣。友便辟、友善柔、友便佞、損矣。（季氏篇、三三一頁）

1　子罕言利与命与仁。（子罕篇、一六五頁）

2　有子曰、其為人也、孝弟而好犯上者、鮮矣。不好犯上而好作乱者、未之有也。君子務本。本立而道生。孝弟也者、其為仁之本与。（学而篇、二〇頁）

3　子曰、巧言令色、鮮矣仁。（学而篇、二一頁）

4　克伐怨欲不行焉、可以爲仁矣。子曰、可以為難矣。仁則吾不知也。（憲問篇、二六九頁）

〈弟子への回答〉

①　顔淵問仁。子曰、克己復礼為仁。（顔淵篇、二三四頁）

②　仲弓問仁、子曰、……己所不欲、勿施於人。（顔淵篇、二三五頁）

③　司馬牛問仁。子曰、仁者其言也訒。（顔淵篇、二三六頁）

④　樊遅問仁。子曰、愛人。（顔淵篇、二四二頁）

⑤ 樊遅問仁。子曰、居処恭、執事敬、与人忠、雖之夷狄、不可棄也。（子路篇、二六一頁）

⑥ 子張問仁於孔子、孔子曰、能行五者於天下為仁矣。請問之。曰、恭寛信敏恵。恭則不悔、寛則得衆、信則人任焉。敏則有功、恵則足以使人。（陽貨篇、三四六頁）

〈仁者とは何か〉

A 子曰、不仁者不可以久処約。不可以長処楽。仁者安仁、知者利仁。（里仁篇、七〇頁）

B 子曰、惟仁者能好人、能悪人。（里仁篇、七〇頁）

C 樊遅問知。子曰、務民之義、敬鬼神而遠之、可謂知矣。問仁。子曰、仁者先難而後獲、可謂仁矣。（雍也篇、一一八頁）

D 子曰、知者楽水、仁者楽山。知者動、仁者静。知者楽、仁者寿。（雍也篇、一一九頁）

E 子曰、……夫仁者己欲立而立人、己欲達而達人。能近取譬。可謂仁之方也已。（雍也篇、一二四頁）

F 子曰、知者不惑、仁者不憂、勇者不懼。（子罕篇、一八三頁）

G 子曰、仁者其言也訒。（顔淵篇、二二六頁）

H 子曰、……仁者必有勇、勇者不必有仁。（憲問篇、二七一頁）

I 子曰、志士仁人、無求生以害仁。有殺身以成仁。（衛霊公篇、三〇八頁）

「仁」という文字の意味

いよいよ追いつめられて、避けて通ろうと思っていた「仁」という字についてしゃべらざるをえないようになりました。わかった範囲内のことしかお話しできませんが、大変むずかしい。いままでずっと『論語』の中の何々という形で話してきましたので、最後も、『論語』の中の「仁」、というテーマでお話しします。

いつもそういう方法で話をはじめていますが、まず「仁」という文字、漢字の意味。そうなると第一に引かれるのが『説文解字』という中国で一番古い字書ですが、いまではこの字書はあまり信用されてない。というのは、この前もいいましたけれども、これは紀元百年という大変覚えやすい年に完成したんですが、それから千九百年ぐらいたって、やっと甲骨文字の存在が明らかになったんです。甲骨文字というのは漢字の元だということで、そこへ遡って考える必要があるのに、『説文解字』が書かれた時代には甲骨文字のことがわからなかったものですから、今では訂正せざるをえないということがしばしば起こってるんです。しかし、そもそも漢字というのは、これもいつも申してますけれども、つくった人がコメントをつけてない。どういう理由でこの字をつくったかという説明をつけてない。ただ文字だけが放り出されているので、後世の学者たちがいろいろあれこれ想像をめぐらせて、理由づけをしているわけですから、人によってさまざまな解釈が可能です。

解釈の一例として、『説文解字』の解釈をあげておきます。

仁親也。〔仁は親《しん》なり。〕

文字の解釈というのは、一つは形が似ているもの、もう一つは音の似ているものと考え合わせる、ということで説を立てる場合が多いですけれども、この「仁《じん》」と「親《しん》」というのは音声的なことで関係あると思います。「親」とは何か。日本語だと、「親《した》しい」という意味と、「親《おや》」という意味がありまして、全然違う概念を表していることになります。

そこで仕方がないので、『説文解字』のもっともオーソドックスな注と言われている、段玉裁という清朝の学者の注を見ると、『説文解字』の「見」の部首のところに「親」の字が見えて、「親者、至也〔親なる者は至るなり〕」という。これはいたちごっこみたいなものですが、順番に追いかけていくんですね。「至」というのは何か。これも前に申しましたが、われわれが子供の頃、辞書を引くと、Aは何かというとBと書いてあって、Bは何かというとAと書いてあって、腹が立ったことがありました（笑）。『説文解字』にも時々そういうことがあるんです。

『説文解字』で見ますと、「到其地曰至〔其の地に到るを至るという〕」と。日本語では「到」と「至」は、同じく「いたる」と読みますので、訓は同じですが、「ｔｏｕ」という音と「ｓｈｉ」と音は違う。違うということは、もともと中国語の発音が違うということですから、中国語としてはまったく違う意味の言葉であるはずです。「その土地に到る、その土地に到着することを至るという」。上の「到」は到着ということですが、そこから敷衍させて、「父母者情最至者也〔父母なる者は情の最も至る者なり〕。故謂之親〔故にこれを親と謂《い》う〕」。これが段玉裁の説明です。だからいまでいう二親《ふたおや》、それはもっとも親近感をもつものである、と。そういう感情のことを「仁」という、これが『説文解字』の説ですけれども、どうも文字の解釈というのは、人によって一定しない。

これは結論から先にいうと、「せむし」だという説があります〔加藤常賢説〕。「せむし」というのは「ノートルダムのせむし男」の「せむし」です。「字義」のところに、「背なかに重い荷物を負った人。せむしの人」といい、次の「延長」と書いてある所では、「重い荷物を背負いきる意味からして、『忍《にん》』（こらえる）の意味となり、さらに進んで『親しむ』『愛する』意となった」と、こういう解釈です。

それから藤堂先生の『漢和大字典』には、「解字」という所に、「『人＋二』の会意兼形声文字」だとあります。だから「二人」という意味で、「人」と「二」が合わさった会意文字であると同時に、「二」あるいは「人」の「ｊｉ」「ｊｉｎ」のどちらかから音が出ているというんですね、したがって形声文字でもあって、「二人が対等に相親しむことを示す」と。なんで対等なのかわかりませんけれども……。それで「人《じん》と同系のことばで、相手を人として扱う」、それが「仁」だというんです。

一番新しい白川先生の『常用字解』は、まったく違いまして、甲骨文字の中にはない古い文字「古文」では、「人」の下に小さく「二」という字が書いてあって、この「二」は「二人」ではなくて「座布団」だというんですね、「敷物」だと。「仁は人が敷物の上に座る形で、暖か、なごむ意味となり、のち『いつくしむ、めぐむ』の意味となった」と。

こうなると、「せむし」と「座布団」で、困ってしまうんですね(笑)、べつに困るわけでもないけれど。だから「仁」という言葉を文字の形から追求していくというのは、ちょっと無理がある。一番常識的には「亻」と「二」で「二人」、それが一番素直なように思いますけれども、それはいまの字の形から考えるだけであって、座布団に見えたり、せむしに見えたりするような形の字だった、昔の形があるわけですね。だからちょっと……、なかなか結論がでない。

「佞」

そこでたまたま偶然なんですが思いついたのが(実はいっそう混乱させるわけですけれども)、「仁」に「女」という字をくっつけると、「佞《おもねる》」という字になる。これはおもしろいなと思って調べてみたんですが、じつはこの字、ふつうは「佞《おもね》る」と読んでいますけれども、この字はちゃんと『論語』の中に出てくるんですね。岩波文庫の八五頁。公冶長篇の最初、第五条です。

或曰、雍也、仁而不佞。子曰、焉用佞。禦人以口給、屢憎於人。不知其仁也、焉用佞也。

〔或るひと曰く、雍《よう》や、仁にして佞《ねい》ならず。子曰く、焉《いずく》んぞ佞を用いん。人に禦《あた》るに口給《こうきゅう》を以てすれば、屢《しば》しば人に憎まる。其の仁を知らず、焉んぞ佞を用いん。〕

雍《よう》は弟子の名前ですが、この文をずっと読んでいくと、「佞」は佞るという意味ではなくて、よくしゃべるという意味らしいですね。残念ながら(?)、この「二」は「信」の右上の二の字をとってつけたんだということで、おもしろい方向にはいかないままにすんでしまったんです……。「佞」というのは、古い注釈書によれば「口才也」。口がよくきく、弁がたつという、そういうことのようです。

それと「佞」については、同じく岩波文庫の三三二頁、季氏篇十六です。そこに、

孔子曰、益者三友、損者三友。友直、友諒、友多聞、損矣、友便辟、友善柔、友便佞、損矣。

〔孔子曰く、益者《えきしゃ》三友、損者《そんしゃ》三友。直《なお》きを友とし、諒《まこと》を友とし、多聞を友とするは、益なり。便《べん》

辟《へき》を友とし、善柔《ぜんじゅう》を友とし、便佞《べんねい》を友とするは、損なり。」

有益な友だちが三種類、それから損害を与える友だちが三種類ということで、有害な方の一つとして、便利の便と佞をつけた「便佞」をあげていますが、ここでも「佞」という字がでてきます。これもやっぱり口先がよくきくということのようで、仁と女の組み合わせという説はありませんね。

孔子は「仁」をどう説明しているか

さて、『論語』の中に「仁」という字は一体どのぐらい出てくるのか。いまはコンピュータで簡単に調べられますけれども、ただ人によって教が違っている。『論語』のテキストにもよるでしょうけれども、だいたい百以上です。プリントに「1、頻度、五八章に一〇九回でてくる」と書きましたが、宮崎市定先生の『論語の新しい読み方』には九七回とありまして、ひとによって数え方が違うわけですけれども、まあだいたい百でしょう。ところが不思議なことに、プリントの1（子罕《しかん》篇）に、

子罕言利与命与仁。　（子罕篇、一六五頁）

■子、罕《まれ》に利を言う、命《めい》と仁《じん》と。

とあります。これの金谷先生の解釈は、

　先生は利益と運命と仁とのことは殆んど語られなかった。

『論語』の中に百回もでてくるのに、ほとんど語られなかったというのはどういうことだろうというので、後世の学者が困って、いろいろと説を立てるわけです。その中のおもしろい説が、荻生徂徠『論語徴』の説です。

　これもプリントをお渡ししてありますが、『論語徴』の子罕第九、「子、罕《まれ》に利を言《のたま》ふ」。徂徠はそこで切ってしまうわけです。あとは、「命と与《とも》にし仁と与にす」と読む。「子、罕《まれ》に言う」、ここで「絶句」する。句を切るということですね。絶句というのは黙ってしまうという意味ではないんです。句を切って、そしてあと、「命と与にし仁と与にす」と、こういうふうに読むべきだというんです。つづけてこう言っています。

　けだし孔子　利を言へば、則ち必ず命と倶《とも》にし、必ず仁と倶にす。その単《ひとへ》に利と言ふ者は幾《いくば》くも希《な》し。旧註に「利・命・仁は、みな孔子の罕に言ふところなり」と。是れ八字一句、中間に絶せず〔句読点をおかない〕、辞に失す〔読み方がまちがっている〕。かつ聖人の道は民を安んずるの道なり。しかうして天を敬するを本《もと》とす。ゆゑに孔子曰く、「命を知らざれば、以て君子と為ること無し」と（堯曰篇）。又た曰く、「君子　仁を去って、悪《いずく》んぞ名を成さん」と（里仁篇）。是れ命と仁とは、君子の君子たるゆゑん、孔子あに罕に之を言はん哉《や》。何晏《かあん》以来の諸儒、辞に得ずして強《し》いて之が解を為すは、従ふべからず。

従来の説はみなまちがっている。孔子が「利」ということをのべるときには、必ず「命」と「仁」とをくっつけて言っているんだ、ただ「利」だけを言うのは稀なことなのだ、というのが『論語徴』の結論です。

ぼくもちょっと考えてみたのですが、解決方法は三つしかないでしょう。すなわち、『論語』の中に百回も「仁」がでてくるのに、その『論語』の一条で「孔子は仁のことは罕にしか言うてない」というその矛盾、それを解決する方法は、おそらく三つしかない。一つは徂徠の読み方です。しかしこれは、かなり無理があるんです、中国語として素直に読めば。

二つめの方法は吉川先生の説です。それは大変素直な説であって、『論語』は何人かの弟子の記録に拠っているんですが、記録した人がそう思ったんだろうというんです（笑）。孔子は「仁」のことをあまり言わないと。それに従うしかないというのが、吉川先生の説です。

ぼくの説は、と麗々しくいうほどのことではないんですが、この講義の一番最初に、『論語』という本の名前を説明して、日本語では同じ意味の「言う」と「語る」ですけれども、「言」の方は、一方的に、自分の方から自発的に何かいう。相手の答とか全然意識せずに、ただ一方的にいう。それが「言」で、他方「語」は何かいわれた時に応える「対話」という意味がある。これは後世の王維の詩などを引いて説明しました。確かに「語」というときは、「語らう」という、相互に対話するという意味のある場合がほとんどだし、徂徠先生自身がそのことを一生懸命言っています。孔子は「子、怪力乱神を語らず」といっているにもかかわらず、『論語』の中には「怪力乱神」を語ったところがいくつかあるのはおかしいじゃないかと。それは「語」という言葉が、口にするという意味ではなくて、弟子に対して話しかける、そういうときに「語」という言葉を使う。だから対話が前提になったおしゃべりですね。それが「語」であると。

それに従えば、要するに自発的に、積極的に、「仁」について孔子が意見を「言」う、定義をするというようなことは、実はあまりなくて、弟子にきかれて答える、「語」るという形のものが多い。具体的にいいますと、「仁」という字が集中的にでてくるのは、顔淵篇、顔淵という弟子の名のついた篇です。しかもそこのところは、実はこのプリントのあとの方の「弟子への回答」というところを見ていただくと、『論語』の中で、孔子が弟子から「仁」についてきかれて答えている、という例が集中的にでてくるんです。

顔淵問仁。子曰……　〔顔淵、仁を問う。子曰く……〕
仲弓問仁。子曰……　〔仲弓、仁を問う。子曰く……〕
司馬牛問仁。子曰……　〔司馬牛、仁を問う。子曰く……〕
樊遅問仁。子曰……　〔樊遅《はんち》、仁を問う。子曰く……〕
樊遅問仁。子曰……　〔樊遅、仁を問う。子曰く……〕
子張問仁於孔子。孔子曰……　〔子張、仁を孔子に問う。孔子曰く……〕

というふうに。すなわち弟子にきかれて答えている場合が非常に多い。弟子には答えた（「語」）が、自分の方から言いだす（「言」）ということがあまりなかった、という意味ではないかと、ぼくはそう思っています。

『論語』以前の「仁」

それが『論語』の中の「仁」ですが、次は『論語』以前、ということは、孔子以前に、「仁」という言葉はあったのか、なかったのかということです。それはもちろんあったわけで、プリントに、「孔子以前の『仁』」ということで、三つほどあげておきました。

一つは『書経』で、もう一つは『礼記《らいき》』です。これも前に申しましたように、「四書五経」ということがよく言われて、「四書」の方を先にいうんですが、じつは古さからいうと「五経」の方が先で、「四書」が後です。「四書」というのは『論語』『孟子』『大学』『中庸』という四つの本のことです。これは『論語』と『孟子』がそうであるように、孔子以後の文献です。『大学』『中庸』というのは、じつは「五経」の中の文を抜き出したものですから、これは古いわけですけれども、「五経」の方は孔子学校の教科書と言われていた本ですから、孔子以前にすでにできていたものです。『易経』『書経』『詩経』『礼記』『春秋』という、その五つが「五経」です。したがってここにあげている『書経』も『礼記』も、孔子以前の本ということになります。

そこにでてくる「仁」は、まず『書経』の「仲虺之誥《ちゅうきこう》」です。「仲虺」というのは人の名前で、「誥」というのは詔勅という意味、詔《みことのり》です。

このごろ、新聞で時々記事がでるようになりましたけれども、最近まで殷《いん》というのが中国で一番古い、考古学上証明できる一番古い王国であると言われて来た。それ以前のことは、司馬遷の『史記』には出てくるけれども、考古学上の証拠はないということになっていたんです、今まで。ところがかなり前からぼちぼち証拠が出はじめていたんですけれども、最近非常にはっきりと、紀元前二〇〇〇年のころに夏《か》という国があったと言われ出した。五百年間か三百年間か、まだ確定できないけれども、そういう国があって、それが滅ぼされて殷になったと。殷というのは殷墟という言葉が示すように、殷の廃墟のようなところから、いろいろな考古学上の発掘物が出てきているので、これははっきりしてるわけです。文字もこの時代に甲骨文字というのが書かれているので、それが証拠になるんです。

その前に夏という国があった。司馬遷の『史記』によれば、夏の最後の王様の名前を桀《けつ》王といいまして、これはものすごく悪い王様で、だいたい最後の王様は悪いんですけれども、民心が離れてしまって、それで滅ばされることになります。それを滅ぼして殷の国を立てたのが湯《とう》王です。最初の天子が湯王です。ここに出てくる仲虺という人は、その湯王の家来だとされています。湯王に代わって詔勅の文章を書いたわけです。『書経』というのは、これは政治学の本でして、何か事件が起こったときに天子がどんな詔勅を下したか、どういう行動をとったかということの記録です。詔勅がしばしばでてくるのですが、天子に代わって仲虺という人が詔勅を書いた。その文章の中に、湯王という自分の主君を讃えて、

克寛克仁、彰信兆民。

「克《よ》く寛《ひろ》く、克く仁に、信を兆民に彰《あきら》かにす」と読みます。湯王という人物は、「寛大で仁の精

神をよく発揮して、億兆の民、たくさんの人民から信じられていることを彰かにする」と。そういう詔勅の文章の中に「仁」という言葉がでてくる。だから天子のもっている良き性質の一つとして「仁」という言葉が使われています。

次の『礼記』という本の楽記《がっき》篇では、

仁以愛人。〔仁以て人を愛す。〕

という。「仁という方法で人間を愛する」、あるいは「仁であって、人を愛す」とも読めると思いますが、これはじつはあとにでてくる顔淵篇の、プリントでいうと「弟子への回答」の四番目に、「樊遅問仁。子曰、愛人」と見えます。それが「仁」の中身なんだと。ところがこの『論語』の中の「人を愛す」という言葉はじつは孔子以前に使われているというんです、『礼記』の中に。

それから同じ『礼記』の経解《けいかい》篇というところに、

上下相親、謂之仁。〔上下、相親《あいあい》しむ、これを仁と謂う。〕

と見えます。「上下」というのは、君主と臣下という意味にふつう使われます。日本の詔勅類にも

「上下《しょうか》心ヲ一《いつ》ニシテ」という。上下《じょうげ》と読むのは呉音で、「しょうか」と読むのが漢音です。「上下、相《あい》親しむ、これを仁と謂う」。君主と臣下との信頼関係みたいなものですね。そういうものとして『礼記』に「仁」という言葉がすでにでている。

それに似た言葉が『孟子』の中にでてきます。『孟子』の告子篇、上篇と下篇がありますが、その下篇に「親親、仁也」。これは親親《おやおや》と読んだらあかんのです（笑）。そうでなくて「親《しん》に親《した》しむは仁なり」と読みます。そういう読み方がふつうになっています。

じつは現代中国語で、「親」という言葉はなぜかあまり使わなくて、「父母」というんです。だから翻訳するとき、ちょっと困るときがあるんです。この場合は「おや」と読んでいいと思いますけれども、これは要するに親《おや》を含めた親戚、親しき者という意味です、親《しん》というのは。だから親族、血のつながった親族に親しむというのが、「親親」ということのようです。

『孟子』は『論語』よりあとですけれども、『論語』以前の『礼記』とか『書経』に出てくる「仁」に共通しているのは、人間の愛情とか親愛の情という、そういうものをさしているように思われますけれども、そこで「仁」の文字の意味ではなくて、「仁」とは何かという定義を、『論語』の中で探ってみようと思います。

「仁」の間接的定義

まず、『論語』の中で一番最初に「仁」という言葉がどういう形ででてくるか。それがプリントの2、岩波文庫でいいますと二〇頁です。

有子曰、其為人也、孝弟而好犯上者、鮮矣。不好犯上而好作乱者、未之有也。君子務本。本立而道生。孝弟也者、其為仁之本与。（学而篇、二〇頁）

有子《ゆうし》曰く、其の人となりや、孝弟《こうてい》にして上《かみ》を犯すことを好む者は鮮《すくな》し。上を犯すことを好まずして乱をなすことを好む者は、未だこれあらざるなり、君子は本《もと》を務む。本立ちて道生ず。孝弟なる者は、其れ仁の本たるか。

「仁」の根本にある精神、それは「孝弟」ということだろうといっているわけです。「孝」は親孝行の孝で、「弟」という字は立心ベンをつけまして、「悌」で置き換えてあったりする。これは「兄弟なかよく」という意味です。だから親子兄弟の親愛の情、そういうものが「仁」という愛情の根底にあると、そういっているわけです。

しかし『論語』の冒頭にあるということに、何か意味があるのかというと、ほとんど意味はない。冒頭にあるから重要だとか、冒頭にあるから全体の方向を示しているということはたぶんない。というのは、前にも申しましたが、じつは『論語』というものがどういうふうにしてできたかということと関係があるわけで、はじめからこの順序で本が編集されたのかどうか、そこに疑問がありますから、その疑問があるかぎり、最初にでてくるからこれが一番重要だという、そういうことにはたぶんならないだろうと思います。そういう疑いを残しつつ、今の『論語』の冒頭にでてくるのは、事実です。しかし要するにこれは間接的定義ですね。「仁」とはこういうものだといわないで、「仁」の根本にこれがあるという……。それで「仁」は結局何かということは言ってないという、間接的定義になります。

「仁」の反対は？

もう一つの間接的定義の方法は、反対概念をあげて、こういうものは「仁」ではないという、そういう説明の仕方です。それも定義の方法の一つだと思いますが、プリントの3で、二つあげておきました。

一つは、これは大変よく知られている言葉で、岩波文庫二一頁、学而篇です。

子曰、巧言令色、鮮矣仁。（学而篇、二一頁）

■子曰く、巧言令色、鮮《すくな》し仁。

「巧言」というのは、巧みにものをいうこと、わかりやすい言葉ですが、「令色」の方は、ふつうあまり使わない言葉です。でも意味はそんなにむずかしくはない。ただ「巧言」という言葉は、『論語』の中でほかにもちょっとでてくるんですが、「令色」という言葉が単独ででてくることはないんです。古い注によると、「令は善なり」。色《しょく》というのは顔色《がんしょく》で、顔色とは顔色《かおいろ》でなくて、顔つきというときに、中国語としては使います。だからよき顔つき、よそゆきの顔みたいな、そういうのを「令色」といいます。

この短い文章のなかで、中身の問題ではなくて表現上でちょっと注意した方がいいのは、一つは「鮮《すくない》」という字、魚に羊と書いて、なぜ少ないになるか。しかしそれは前から言っているように、あまり追求しない方がいいんです（笑）。白川説と加藤説が全然違いますから、それを追求してもしょうがない。ただ、古い字体は何だったか。「鮮」という字は、たぶんこれは魚ヘンの方が意味を表して、右側が音を表す。漢字の成り立ちとしてはそれがふつうですね。実は古文と言いまして、古い文字では「鱻」という字があり、これは音が sen なんです。これがじつは「鮮やか」、「朝鮮」の「鮮」の古体字です。こんな字があるのかと思うんですが、ぼくは現実に日本でぶつかったことがあります。ぼくの家は神戸ですけれども、近くに明石というか港町というか漁師の町がありまして、いまは市《し》ですけれども、「魚の棚《たな》」という魚専門の商店街があるんです。そこではいろんな魚だけ売っているんです。その中の一軒に、この字が看板にかけてあったんですね。これは魚がいっぱい集まって、三匹と違って、たくさんのときに、「森」という字もそうですけれども、要するにいっぱいある。いっぱい魚がとれた。取れたての、取れ取れの魚という意味からきてるんだと思うんですけれども、その異体字としてこの「鮮」という字が使われた。どういう変化をして、どうなったのかはわかりませんけれども……。それと「鮮 sen」という音と「少 sho」、どっちも「s」ではじまるんです。だから音声的に関係があるのではないか。

それと、字の順序ですが、「巧言令色、仁鮮矣」と書くのが漢文のふつうの文法です。しかも最後にこんなもの（矣）がくっついている。これが何かというのは、なかなかぼくらの中学の漢文の先生は教えてくれなかった。きいても言を左右にして言わないんですけれども、この「矣」は、前にも言ったことがありますが、「！」、びっくりマークです。だから日本語では読まない。江戸時代の学者には、この音は「i」ですから、「巧言令色、鮮し仁い」と読んだ学者がいるらしいけれども、いまはそれは流行らない。文章の最後に、口調として強調しているとか、言い切っているとか、断定しているとか、そういう調子がつけ加わる、一種の間投詞です。

それから語順として「仁鮮し」と言わないで、「鮮し仁」といっているのは、「ばかだね、お前は」というのと「お前はばかだね」というのとの違いといっしょなんです。要するに先にでてくる言葉を強調しているんです。『論語』というのは対話を記録したもので、そのままの当時の話し言葉ではないでしょうけれども……。その口調が、時々こういう形ででてくるわけです。強調してるわけです。そんなものに「仁」はありまへんで、と。

それと「少《すく》ない」という言葉は、漢詩などにでてくる場合、しばしばそうなんですが、「一人少なし」というのを「一人を少《か》く」というふうに読む。少ないのではなくて、欠く、いないんだという、そういう意味でこの「少ない」はよく使うので、それに近いんだと思います。ちょっとしかないというのは、ほとんどゼロだよというのと似てるのではないかと思いますね。

要するに「巧言令色」というのは「仁」というものの反対概念であって、「巧言令色」が存在するところには「仁」は存在しない、と。そういう形で反対概念をあげることによって、間接的説明をしようとしている。

次の4は、憲問篇、岩波文庫の二六九頁です。これはのっけから文章がはじまりますが、実はこれも人の言葉で、『史記』の引用では、原憲《げんけん》（あざなは子思《しし》）という弟子の言葉としています。

克伐怨欲不行焉、可以為仁矣。子曰、可以為難矣。仁則吾不知也。

（憲問篇、二六九頁）

克《こく》・伐《ばつ》・怨《えん》・欲《よく》、行われざる、以て仁と為すべし。子曰く、以て難《かた》しと為すべし。仁は則ち吾知らざるなり。

四つのことが行われないという状況のなかに仁はある、四つのことが行われている状況のなかには仁はないといっているわけですから、これも仁の反対概念をあげている。克・伐・怨・欲、と。金谷先生の説明では、

「勝ち気や自慢や怨みや欲望がおさえられれば、仁といえましょうね。」

とあります。これも言葉の置き換えというか直訳体なので、無理もないのですが、わかったようでもう一つよくわからない。そこで吉川先生の助けを借りてみます。吉川先生の中冊の一四八頁です。

はじめの二句は、孔子以外の人の言葉である。古注では、まえの章とつづけて一章とし、原憲の問いのつづきとする。新注は独立した一章とするが、原憲の言葉とする点は、同じである。徂徠は、章のはじめに脱字があるとし、だれの言葉かわからないとする。

何にしても、問いの言葉は、克、伐、怨、欲、この四つが、その人の行為にない場合は、仁といってよろしいと思いますが、というのである。古注に引く馬融《ばゆう》の説に、克は「好んで人に勝つ」、伐は「自《み》ずから其の功に伐《ほこ》る」、怨は「小さき怨みを忌《い》む」、つまらぬことを根にもつ、欲は「貪欲」である。つまり強引、自慢、ひねくれ、欲ばり、みな狭量な心から生ま

れる四つの不道徳である。新注も同じであるが、この四字の一つ一つが、しかく明確に独立した概念であるかどうかは、疑いを容れる余地がある。

こういうふうに四つの文字を並べた言葉が多いんですね、中国語には。この問いに対して、

孔子の答え。それらの不道徳がその行為にないのは、むつかしいことだといっていい。しかし、それだけで仁であるかどうか、私にはわからない。それだけでは仁でない、といおうとするのであり、それらの不道徳がないという消極さだけでなく、もっと建設的な積極的なものがあってこそ仁だ、というのであろう。

というのが吉川先生の説ですが、最後のところの、「仁は則ち吾知らざるなり」という、これはふつうの読み方をすると、「仁ということは私にはわからん」という意味のように思えるのですが、ここはそうではないのです。「則ち」という字の意味は、ふつう「レバ則《そく》」といいまして、「……すれば則ち」というときに使う「則ち」なんです。だから前に条件がついていて、「……する場合には」、「それが仁であるという場合には、私はそうかどうかわからない」。すなわち、仁ということがわからない、という意味ではない。あることが仁であるかどうかということになれば、私にはわからない。「仁は則ち吾れ知らざる也」というのは、そういうことです。ですから「仁というのは私は知らん」といっているのではないですね。以上のことが仁の定義として正しいかどうかということになれば、それはどうかなというのが、孔子のここの結論だと思います。

「仁」とは何かと問われれば

そこで、最初のところでちょっと申しました、要するに孔子が「仁」ということの定義を、直接にずばりと「仁」は何々だという言い方ですることは、ほとんどない。間接的に表現するか、あるいは否定を媒介として定義するか。そしてさきほど「言う」と「語る」の違いのときに申しましたように、弟子からきかれたときに答える。しかもその答えがまこと千差万別であって、なかなか一つのきちっとした定義になっていない。それがむしろ『論語』における「仁」の特徴であるように、ぼくには思えるんです。

プリントの「弟子への回答」というところを、ざっと読んでみたいと思います。まず、顔淵篇、二二四頁。顔淵篇の冒頭ですが、

①顔淵問仁。子曰、克己復礼為仁。（顔淵篇、二二四頁）

■顔淵、仁を問う。子曰く、己《おのれ》を克《せ》めて礼に復《かえ》るを仁と為す。

その部分の金谷訳は、

顔淵が仁のことをおたずねした。先生はいわれた。「〔内に〕わが身をつつしんで〔外は〕

礼（の規範）にたちもどるのが仁ということだ。」

そのすぐあとの二二五頁に、

②仲弓問仁。子曰、出門如見大賓、使民如承大祭。己所不欲、勿施於人。

（顔淵篇、二二五頁）

仲弓、仁を問う。子曰く、門を出でては大賓《だいひん》を見るが如くし、民を使うには大祭《だいさい》に承《つか》えまつるが如くす。己《おのれ》の欲せざる所は人に施すこと勿《な》かれ。

さいごの一節は大変有名な言葉です。「己の欲せざる所は人に施すこと勿かれ」。これは訳さなくてもわかるんですが、金谷先生の訳では、「自分の望まないことは人にしむけないようにし（て人を思いやり）」といっています。それが「仁」だというんですね。

そのすぐあとにまたでてきます。

③司馬牛問仁。子曰、仁者其言也訒。

（顔淵篇、二二六頁）

司馬牛、仁を問う。子曰く、仁者は其の言や訒《じん》。

この言《ごん》ベンに刃傷沙汰の刃という字ですが、この「訒」は、ふつうの解釈では「訒は忍なり」ということで、刃の心。心で辛抱する、こらえるということであると。金谷先生は「その言や訒」

を「そのことばがひかえめだ」と訳しています。

ここのところ、吉川先生の説明をつけ加えますと（中、八〇頁）、

仁とは何であるか、というこの人物の問いに対し、孔子は答えた。「仁者は其の言や訒」。「訒」の字は、『論語』のここ以外には、あまり見えない字であるが、古注に、孔安国（という学者の説）を引いて、「難《かた》き也」と訓ずる。言葉が重重しく、いいよどみがちなことを、いうのであろう。『史記』の『弟子列伝』によれば、司馬牛は、「言《ことば》多くして躁《さわ》がしき」性質があったので、このいましめがあるという。

これが吉川先生の説明で、金谷説とちょっと違うと思いますね。

それからその次が、同じく顔淵篇の、さきほどいった、

④樊遅問仁。子曰愛人。　（顔淵篇、二四二頁）

樊遅、仁を問う。子曰く、人を愛す。

です。これも大変わかりやすいようで、よくわからないいんですが、それ以上の説明はちょっとしにくい。

それから次も、同じ樊遅という人がきいたのに対する孔子の答えです。これは篇が変わりまして、子路篇、二六一頁。

⑤樊遅問仁。子曰、居処恭、執事敬、与人忠、雖之夷狄、不可棄也。

（子路篇、二六一頁）

樊遅、仁を問う。子曰く、居処《きょしょ》は恭《きょう》に、事を執《と》りて敬、人に与《まじわ》りて忠なること、夷狄《いてき》に之《ゆ》くと雖《いえど》も、棄《す》つべからざるなり。

ここでは外国に行って、野蛮人の前へ行っても、恥のかきすてという、そういう態度をとってはいけない、仁を守らなければいけないという、そういうことをいっています。

この場合もやはり間接的説明です。いくつかの条件をあげて、こうでないといけない、それこそが「仁」だといっています。

吉川先生の解釈を読んでみますと（中、一三五〜一三六頁）、

樊遅が仁を問うたのに対して孔子が、仁はかくあるべしと答えた条である。

「居処」の語は、日常の何くれとない生活を、意味するであろう。それに対しても恭《きょう》であれ。「居処」の語は、『論語』ではもう一か所、陽貨第十七に、親を失って喪に居る者は、「居処安からず」と見える。

また事を執りおこのうには敬であれ。宋人の新注に、「恭は容《かたち》を主とし、敬は事を主とす。恭は外に見《あら》われ、敬は中を主とす」と説くが、二つの概念は、そこまではっきり分かれない

であろう。
そうして、人に与《まじ》わる場合には、忠実であれ。

以上の三つのうち、最初の「居処」は、個人としての生活であり、次の「事を執る」は、人と接触するゆえに「事」が起こるのであろうが、対人関係よりも、「事」そのものを意識にのぼせている。第三の「人と与わる」は、もっぱら対人関係を、意識にのぼせたというのが、発想の順序であろう。

さて以上の三つの事柄は、文明の地域である中国において、そうであるべきばかりではない。「夷狄に之くと雖も、棄つべからざる也」。野蛮人ばかりの地域に行ったとしても、それらを棄て去ってはならない。かつての西欧諸国の、またあるいは日本の、植民政策に、こういう心がまえは、おそらく乏しかったであろう。

ここでちょっと言いたいことをおっしゃってますが……。

それから次、ちょっと長いんですが、三四六頁、陽貨篇です。子張という弟子がきくわけですが、

⑥子張問仁於孔子。孔子曰、能行五者於天下為仁矣。請問之。曰、恭寛信敏恵。恭則不侮、寛則得衆、信則人任焉、敏則有功、恵則足以使人。

（陽貨篇、三四六頁）

子張、仁を孔子に問う。孔子曰く、能《よ》く五つの者を天下に行うを仁と為す。これを請い問う。曰く、恭、寛、信、敏、恵なり。恭なれば（恭《うやうや》しければ）則ち侮《あなど》られず、寛なれば則ち衆を得、信なれば則ち人任じ、敏なれば則ち功あり、恵なれば則ち以て人を使うに足る。

「請い問う」——もう一度聞きなおしていますね、五つとは何かと。「寛」は、ゆるやか、ひろい、ということです。金谷先生の解釈は、

　子張が仁のことを孔子におたずねした。孔子はいわれた、「五つのことを世界じゅうに行なうことができたら、仁といえるね。」進んでさらにおたずねすると、「恭《うやうや》しいことと寛《おおらか》なことと信《まこと》のあることと機敏なことと恵み深いことだ。恭しければ侮られず、寛であれば人望が得られ、信があれば人から頼りにされ、機敏であれば仕事ができ、恵み深ければうまく人が使えるものだ。」

これも五つの条件をあげての説明ということになりますね。

以上が「仁」についての、弟子たちとの問答の答えです。

全部間接的になるんですね。「仁」だけでなくて「仁者」という、「仁」を身につけた人たち、そういう言葉も非常によくでてきます。「仁」とは何かというのではなくて、「仁」を身につけた人とはどういう人のことをいうのか。これもまた間接的説明のように思いますが、大変多い。全部で九つもあげているわけですが、これも一通りざっと読んだうえで、分析というほどではない

けれども、分類してみようと思います。

その前に、さきほどの弟子への回答が全部で六つありましたけれども、これも分類してみると二つに分かれるでしょう。一つは自分自身を律するというか、自己修養というか、それについて、たとえば「己れに克《か》ち、礼に復《かえ》る」、あるいはその言葉が「訒《じん》」であるとか、「五つのものを能く行う」とか、①、③、⑤、⑥が自己修養ということになる。そして②と④の二つ、すなわち「己の欲せざる所を人に施すことなかれ」と、「人を愛す」というのは、他人への態度ですね。自分自身へのことではなく、他人への態度のなかに現れる「仁」ということですね。そういうふうに大きく二つに分類できるかと思います。

「仁者」とは何か

そして最後に、「仁者」ですが、これもまず全体を読んで、あとで分類したいと思います。最初に文庫、七〇頁、里仁篇です。まず否定からでてきますが、

A　子曰、不仁者不可以久処約、不可以長処楽。仁者安仁、知者利仁。

（里仁篇、七〇頁）

子曰く、不仁者は以て久しく約に処《お》るべからず、以て長く楽しきに処るべからず。仁者は仁に安んじ、知者は仁を利とす。

先生がいわれた、「仁でない人はいつまでも苦しい生活にはおれないし、また長く安楽な生活にもおれない。〔道をはずれるか、安楽になれてしまう。〕仁の人は仁に落ちついているし、智の人は仁を善いことと認めて活用する〔深浅の差はあるが、どちらも守りどころがあって動かない〕。」

というのが金谷説ですが、これもちょっと吉川説の方がわかりやすいと思うので、吉川説を読んでいただけますか。上巻の一〇八頁です。

不仁者とは、いうまでもなく仁者の反対概念であり、仁の徳をもたない人間である。約《やく》とは窮乏の生活を意味する。不仁者が窮乏の生活に長くいれば、窮乏にたえきれずして、いろんな不都合をしでかす。陽貨篇第十七に、「其の未《い》まだ之れを得ざるや、之れを得んことを患《おも》い、既に之れを得れば、之れを失わんことを患う」というのを思いあわす。また不仁者は、長く得意の地位にいることもできない。きっと僭上沙汰をしでかすからである。

仁者はそうでない。ところで仁ある人間の中にも段階があって、本当の仁者は、生まれつき仁であるから、仁に安住する。また知者、すなわち知性に富む人物は、仁の徳のよさを知っているから、仁を利用する。

知者と仁者のことはあとでふれたいと思います。その次、二番目ですが、これはすぐあとで、同じ七〇頁ですね。これはぼくは大変おもしろいと思うんですが、

B　子曰、惟仁者能好人、能悪人。（里仁篇、七〇頁）

子曰く、惟《た》だ仁者のみ能《よ》く人を好み、能く人を悪《にく》む。

『論語』というのは道徳の本みたいに思われてますけれども、きわめて不道徳なことが時々でてくるので大変おもしろいわけです。不道徳というのは、ちょっとおだやかでない言い方ですが、仁者だけが人を好きになり、また人を憎む能力をもつ、と。これは大変おもしろいと思いますね。それからまた、弟子に答えたものですが、三番目。一一八頁、雍也篇です。

C　樊遅問知。子曰、務民之義、敬鬼神而遠之。可謂知矣。問仁。子曰、仁者先難而後獲、可謂仁矣。（雍也篇、一一八頁）

樊遅《はんち》、知を問う。子曰く、民の義を務め、鬼神を敬して之を遠ざく。知と謂うべし。仁を問う。子曰く、仁者は難きを先にし、獲《う》るを後にす。仁と謂うべし。

「敬して之を遠ざく」は、敬遠という言葉のもとになったと、前に「鬼神」についてお話ししたときに一度引いたことがありますね。

これに対して金谷先生は、
仁の人は難しいことを先きにして利益は後のことにする、それが仁といえることだ。

仁者、知者、勇者

それから四番目。これは有名な言葉で、前に「水」についてお話ししたときにふれましたが、

D　子曰、知者楽水、仁者楽山。知者動、仁者静。知者楽、仁者寿。（雍也篇、一一九頁）

子曰く、知者は水を楽しみ、仁者は山を楽しむ。知者は動き、仁者は静かなり。知者は楽しみ、仁者は寿《いのちなが》し。

『論語』のおもしろいところは、言葉に飛躍があるんです。それが『論語』をわかりにくくしている面でもあるんですけれども、だからこそおもしろいという面がありまして、いろんな解釈を許容するようでありながら、じつはそんなにたくさんの解釈を許容するはずがない、そういう論理性をもっているとぼく自身は思っているんですけれども……。この言葉もわかったといえばわかったような気になるけれども、もう一つわからないところを含むんですね。「知者は水を楽し

み、仁者は山を楽しむ」、「知者は動き、仁者は静かなり」、なんで水が動くのか、山が動かない、静かというのはわかるけれども。じつは中国語の水という言葉は、古い字体はこう（〓）です。これ（巛）は古い字体の川です。真ん中をちょん切ったのが水なんです。

すでにお話ししましたが、中国の漢詩、漢文に「水」という言葉がでてくれば、これは川と訳すべきで、水と訳さない。だいたいが川です。とくに山と対比したときは、「山水」という言葉があるように、山と川です。「山川草木」と乃木大将はいっていますが、もちろん「山川」という言葉も中国語にありますけれども、「水」というのも、「川」なんです。だから動くんです。水も静かな水がありますから、水だとするとわかりにくいという感じを与えるわけですけれども、川だとすれば大変はっきりします。

で、知者というのはダイナミックだというんですね。ダイナミックなものが好きだ、と。それから仁者というのはスタティックなものが好きなんだ、と。そういうことから、「知者は楽しむ、仁者は寿し」、ここも飛躍があっておもしろいんですが、要するに人生を楽しんで生きている、と。それに対して、長生きするというのが仁者の特質であると、こういっているんですね。

それから次、五番目。一二四頁。これは途中からですが……。

E　子曰、……夫仁者己欲立而立人、己欲達而達人。能近取譬。可謂仁之方也已。

（雍也篇、一二四頁）

――子曰く、……夫《そ》れ仁者は己《おのれ》立たんと欲して人を立て、己達せんと欲して人を達す。能く近きを取りて譬《たと》う。仁の方《みち》と謂うべきのみ。

金谷訳は、

そもそも仁の人は、自分が立ちたいと思えば人を立たせてやり、自分が行きつきたいと思えば人を行きつかせてやって、〔他人のことでも自分の〕身近かにひきくらべることができる。〔そういうのが〕仁のてだてだといえるだろう。

これも訳としてはちょっとわかりにくいですね。吉川先生の訳を読んでいただきたいんですが、上巻の二〇二～二〇三頁ですね。

さて、孔子の言葉はなおつづき、子貢が人間としての最高の道徳を提起したのに対し、より近い、より到達し易い仁者の道徳は、いかにあるべきかを、説く。仁者は自分が何かを樹立しようとねごうときには、自分だけで樹立せずに、他人にもそれを樹立させる。自分が何かに到達しようとおもえば、他人にも、そこに到達させる。〔中略〕そうして「能く近く譬えを取る」。譬えとは、類似、相似の意味であって、何事をも、身近な自分の身の上について事がらを考える。あることを他人にしようとする場合には、それがみずからの身の上に加えられた場合には、どうであろうかと、相似を、近い自分の身の上について、考える。それはつまり、「己れの欲せざるところを恕《はか》りて、人に施すことなし」であると、古注を敷衍した宋の邢昺《けいへい》の「正義」にはいう。こうした心がけこそは、仁の道徳の方法であるといってよろしい。だいぶわかりやすいですね。それから、また知者と仁者ですが、六番目です。

F　子曰、知者不惑、仁者不憂、勇者不懼。　（子罕篇、一八三頁）

■子曰く、知者は惑わず、仁者は憂えず、勇者は懼《おそれ》ず。

これも簡潔でおもしろい表現だと思うんですが、犬養毅がこの言葉が大変好きだったらしいですね。それで色紙に書いて、ひとに配ったりしてたらしいけれど……。これは問題ないですね。これも知者と仁者が比較されているんです。

それから、

G　子曰、仁者其言也訒。　（顔淵篇、二二六頁）

■子曰く、仁者は其の言や訒《じん》。

という、これはさっきでてきました。

それからその次も、さきほどの六番と似ていて、

H　子曰、……仁者必有勇、勇者不必有仁。（憲問篇、二七一頁）

■子曰く、……仁者は必ず勇有り、勇者は必ずしも仁有らず。

こういう表現もおもしろいですが……。仁者は必ず勇気をもっているけれども、勇気をもっているものは必ずしも仁者ではない。

最後に、

I　子曰、志士仁人、無求生以害仁。有殺身以成仁。（衛霊公篇、三〇八頁）

■子曰く、志士仁人は、生を求めて以て仁を害すること無し。身を殺して以て仁を成すこと有り。

今度は「仁人」という言葉で仁者がでてくるわけですが、これは岩波文庫で三〇八頁ですから、もう最後の方ですね。

先生がいわれた、「志しのある人や仁の人は、命惜しさに人徳を害するようなことはしない。時には命をすてても人徳を成しとげる。」

「仁」は正面から定義できない

以上、たくさんあげましたけれども、「仁者」ということで「仁」を定義しているわけです。これも全体は二つに分かれるのではないか。一つはAとDとF。Aは、「仁者は仁に安んじ、知者は仁を利とす」、それからDは、さきほどの「仁者は山を楽しみ、知者は水を楽しむ」、それからFの「仁者は憂えず、知者は惑わず」。仁者と知者の違いをあげて、「仁」の説明をしているわけですね。

この場合、要するに「仁」というのは情念の世界というか、感情の世界、心理の世界であって、知者の知というのは、理性、知性の世界のことである、と。それが両方とも価値をもつものとして比較されているんですね。それが分類の一つ、「仁」と「知」の対比ということで「仁」の説明をしている。それが一つです。

それから次は、「仁者」というもの、仁を身にそなえた人の特徴ということをあげることによって、「仁」ということの中身を説明しようとしている。これも二つに分かれまして、BとGとHとIです。Bの「人を好み、人を憎む」、G番の「その言や訒《じん》」、H番の「仁者は必ず勇有り」、Iの「生を求めて仁を害せず」という、この四つは自分自身の修養というか、さきほどいった、自己規律みたいなこととしていっているのに対して、CとEは、「難きを先にし、獲るを後にす」、「己、立たんと欲して人を立つ」というのは、要するに対人関係のなかで発揮される「仁」ということの説明のように思うんです。

以上は、「仁」ないしは「仁者」についての『論語』にでてくる項目をピックアップしただけのことですが、さきほどからいっているように、孔子自身が「仁」ということについて、ずばりと説明することは大変むずかしいと思っていたのではないか。だからそれがこういう形で、一つには間接的表現で「仁」を説明する、直接ズバリでなく。それから対立概念のような、否定を媒介にして、「仁」を説明する。それから「仁」と「知」の対比みたいに、類似というか、共通、ともに価値をもちつつ別のものという、そういうものを対比させることで説明する。そういう形で「仁」の説明をしたのではないか。

「仁」というのはそもそも概念規定があいまいな言葉だったのではないかという、そういう感じがするんです。人々はよくいうけれども、ほんまはどういうことか、と。そういうことがあったので、あの弟子もこの弟子もきく。はっきりした概念規定があれば、そんないろんな弟子がきくはずはないし、あるいは聞かれても、孔子がこれだといえば、それをみんなに伝えたらいいだけのことなのに、孔子はああいったりこういったりして、いろんな言い方で説明するわけですね。それもずばりの定義ではなくて、こういうことがないようでは仁とは言えないとか、仁をもってる人はこういうことをするよとか、こういうことをしない人が仁者なんだよとか、そういう形の説明をするから、弟子たちはくり返し聞くという、そういうことではないかと思いますね。

ですからぼく自身も、「仁」とは何かというのは、孔子とともによくわからん。孔子はわからんとはいってないけれども……。もうひとつ、ずばりとした説明は大変むずかしい。こういう世界のことなんだ、こういうことがあっては仁とは言えないという、そういう形の説明はできるけれども、なかなか正面からの定義はむずかしいのではないか。

それは「知」というのも同じで、「知」とは何かときかれても、説明のしようがない。もうわかりきっていることではないかと。わかりきっているけれども、「弁ぜんと欲して、すでに言を忘れる」という言葉がありますけれども、説明しようとすると言葉が見つからないという、そういうことではないかと思いますね。

人は一人では成り立たない

「仁」は人偏ですから人ですね。人は一人では成り立たないから、基本的に二人という、そういう意味なんでしょうか。

一人ではなくて、二人以上の人間関係を律する最高の価値というか、そういうものだとして考えていたんだろうと思うんです。だからあんなたくさん、『論語』に百回もでてくるし、百回もでてくるのによくわからない。

感覚的なもの、感性的なもの。

感性的なね。情の問題だと思いますね、知の問題でなくて、理性でなくて。

「愛」というのは、本来どういうふうに中国の人は考えていたんですか。

それもむずかしいですね。

「愛なり」とありますけれどね。基本的には親子の関係をさすわけですか。それがもとになるんですか。

本来はそうなんですね、儒教道徳でいえば。

現代のように親子の関係がむずかしくなってきている時に、むずかしいことですね。

西郷隆盛かな、「敬天愛人」という言葉が好きで、よく書いているでしょう。あの場合、「人」と対になっているのが「天」で、「愛」の対になっているのが「敬」なんですね。この場合も「敬」というのが理性的な問題なんですね、敬うということは理知的なことで、「愛」というのは情念的なものだと思いますね。

「仁義」

ところで、先ほどの休憩時間に話題になっていた「仁義」という言葉について。これはヤクザの言葉になってしまって、なんでそんなことになってしまったのかということですが、一、二、説明しますと、「仁義」という言葉は『論語』にでてこないんです、「仁義」という二字のまとまった言葉としては。何にでてくるかというと、『孟子』にはじめてでてきます。『孟子』にとって「仁義」というのは、非常に重要な道徳概念、徳目なんです。

要するに「仁」というのは、ひろく人や物を愛するという、単純にいえば、そういうことで、「義」というのは、正しい道すじにかなっていることというのですが、それがなぜ「仁義を切る」というようなヤクザの言葉に変わってきたのかというのは、辞書を引いてみても定説がない。一つは辞宜《じぎ》（儀）、お辞儀する。だから初対面の挨拶。「仁義」が「辞宜（儀）」になまるか、「辞宜（儀）」が「仁義」になまるかして、「辞宜（儀）」を誤って「仁義」といっているのではないかというのが一説です。

もう一つの説は、『荘子』の中に、「仁義縄墨《じょうぼく》之言」という言葉がでてきます。「縄墨」というのは、墨縄《すみなわ》というか、昔の大工さんが墨をつけた糸で、ピッとはねて筋をつけますね。あれのことで、「縄墨之言」というのは、杓子定規というのか、紋切り型というのか、そういうことなんです。墨で印をつけて枠を決めるという、そういうことからくる紋切り型の挨拶。「仁義縄墨」というのは、「仁義」であり、「縄墨」の言葉であるというので、仁義というのはそういうよそゆきの、紋切り型の、そういうところからきたのではないか、と。「仁義を切る」という言葉は、初対面の挨拶として……。そういう説もあるようですけれども、結局、並立していて結論はでないんです。

今日は結論の出ない話ばっかりでしめくくりましたけれども……。以上です。

江戸の川柳に、

　少ないかな腎《じん》　女を見るも毒

という句があります。腎臓の病《やまい》が進んで、女性を目にするだけでも体に毒、と医者に言われた、ということのようです。

「仁」という文字、あるいは言葉は、日本の庶民やヤクザの間にまで、デフォルメされた形ではありますが浸透していたわけで、『論語』の中でも最も大きな、それだけに今後も解明が必要な未知数を含んだ徳目、キーワードかと思います。

講義を終えて

聴講者から

店主　今日で最後の会になりました。この全六回、一人の欠席もありませんでした。この会のために毎月わざわざご遠方から出向いていただきました一海先生に、最後に一言、感想をお願いいたします。

それからさきほど先生と『論語百選』の企画の話をしました。『論語』の中から先生に百の文章を選んでいただいて、それに中国語の朗読と、先生に関西弁の訳をつけていただいたものをのせる。もちろん標準語の訳と、「百選」についての解説をつけます。早ければ来年の春ぐらいに脱稿して、来年の秋か冬に出版したいと思います。

それでは、お一人ずつよろしくお願いします。

S（哲学研究者）　私は昭和二十一年生まれで、生まれた時から漢文とか古文とか、そういうのはあまり重視しないで、英語ができて数学ができる子が頭のいい子だと言われた世代です。ただ、高校の時に鎌倉学園というところに行きまして、漢文の時間が非常に多かったんです。建長寺の横の……。その時に漢詩とか漢文の時間が私は楽しかったんです。ただ先生みたいな、一つ一つの言葉の歴史的な重みというか、そういうことを教えてくれる先生が少なかったと思います。今回、「言」と「語」との微妙な違いなど、大変なことだと思って聞いていました。変な話ですけれども、英語とかフランス語とかドイツ語をやっているわけですけれども、その時にはものすごく頭が働くんです。ところが漢文を読むと全然働かないという、どうしてこんなにだめなんだろうということを、今回ぐらい痛切に思わせられたことはありません。『論語徴』がありましたけれども、私は注釈付の『論語徴』を読んでいて、徂徠という人の発想のおもしろさとか、けんかの仕方がおもしろいとか、そういうことはわかったんですけれども、やっぱりこれでいいのかなという、判断の基準があまりにもなさすぎたということで、これを機会に、できるかどうかわかりませんけれども、中国語の勉強をしてみたいなと、そんなことをいま思っておりますます。とにかくそういう気持ちにさせていただいたということはありがたいなと思いました。ありがとうございました。

Y（リライター）『論語』というのは、上からものを言われるという感じがして、なじみにくく敬遠していたんですけれども、一海先生のお話で、普通に考えていっていいんだなという感じと、ちょっと近しくなったかなと思えるのは、とてもありがたく、うれしく思っています。私はもっと漢字はしっかりと作られているものだと思いこんでいたところがあって、偉い先生たちもこれだけいろんな解釈をされていて、その意味についても、今日の「仁」もそうですが、もっとナチュラルに考えていいのかもしれないと、少し気が楽になりました。どうもありがとうございました。

K（翻訳家） 私も高校時代に吉川先生の『唐詩選』を読んで以来、ずっと漢詩を勉強したいと思いながら、その時間がとれませんでした。『論語』は漢詩とは違いますけれども、中国の古典にふれる一つのいい機会だと思って出席させていただきました。翻訳家という職業柄、たとえば「仁」にしても、この言葉はフランス語や英語ではどう表現するんだろうか、この言葉に相当する言葉、あるいは概念は存在するんだろうかということに考えがいきます。先生のお話をうかがう前は、「仁」に相当する言葉は欧語にはないという気がしていましたが、今日のお話、それにこれまでのお話から、ぴたりと一致するような言葉はないかもしれないけれど、同じように人間としての理想を希求する言葉はあるだろうし、それからまたそういう心というものを、もちろん世界中のさまざまな文明に属する人々がもっているのだろうと感じました。最近、文明の衝突というようなことをいう人もいますが、結局、人間が考えている究極の理想とは、洋の東西を問わず同じではないか。また、そうでなければ、文化と文化の架け橋としての翻訳という仕事に意味を見出すのは難しいのではないかと思います。漢文や中国のことまでなかなか手がまわりませんが、これからも機会があればまた勉強を続けていきたいと思っています。ありがとうございました。

N（宗教史研究者） 私も四十年ぐらい頭がもどるというか、高校時代の漢文の衝撃というか、よくも悪しくも、受験というのが頭にあっての漢文でした。教えている先生が、あとで調べたんですけれども、江戸時代の垂加神道、そういう神道がかった漢文の系統の法本義弘《のりもとよしひろ》という先生で、個性の強い、中国文学というよりは、江戸時代の名残りみたいな、国粋主義者。そういう人に鍛えられて、それでまた高校を卒業すると、ふわっと忘れるんですけれども、大学では『史記』の専門家の野口定男先生に出会います。それはもっぱら「歴史としての漢学」で、しかも中国流の漢民族中心主義みたいな形でふたたび中国文学、漢文の世界に接したんです。それらがホップ、ステップだとすると、このたびがジャンプとしての出会いです。一海先生の「論語語論」という、語の一字一字を確認する、というのは、いままで私が習ってきた漢文とか中国文学についてはありませんでした。これがぼくにとって今後のすごいヒントになるはずです。さきほども言われた「言」と「語」ですか、そういうことは私の頭にまったくなかったということなんで、これを機会にあらためて勉強させていただきたいと思います。ありがとうございました。

K（編集部）　先生、全六回、遠路どうもありがとうございました。私は『論語』自体にすごく興味があったというよりは、先生が『論語』のことを話してくださるというので、おもしろそうだなと思ったところがありました。『論語』というテキストがあって、それから吉川先生のかなり色の強い読みがあって、それにさらに一海先生の、またそれと距離をとった読みがあるという、そういう状況の中でお話をうかがったせいで、これをただ押しいただくのではなくて、いろんな形で読めるんだということを教えていただいたのがよかったと思います。それにも通じることですが、金谷先生のように淡々とした翻訳で読むのではなく、一海先生の語りとして聞く、つまり孔子の語った言葉を、いわば疑似的に孔子を囲むような空間で聞くというのが、またおもしろかったなと思います。それから「論語語論」というスタイルですが、たんに一篇一篇を独立させて、あるいは頭から順番に読むのではなくて、たとえば「仁」という言葉が全篇を通じてどこにでてくるかというように、横断的に読むことによってでてくるおもしろさもがあったのではないかなと思いました。とくに最終回、「仁」でも強く感じたのは、『論語』を読めば読むほど、なぜわざわざ孔子の時代にこれが語られなければいけなかったのか、当たり前なら語らなくても済むのに、わざわざ語らねばならなかったのにはどういう意味があるのかということでした。今後、古典を読むにあたっての一つの読み方だと思います。ほんとうにいろんな意味で先生の講義の空間に居合わせることができてよかったと思います。ありがとうございました。

H（グラフィックデザイナー）　さきほどからでてますように、漢文との出会いからいうと、私の場合は高校生の時から漢詩が好きで、べつに専門的にやったわけではないですけれども、もう一人非常に好きな友人がいまして、その当時から『唐詩選』などをよく読んでいました。『論語』とかは、それほど読んだわけではないんですけれども……。もともと詩自体が好きで、比較的そういうものに興味をもってきました。吉川先生が生きておられる時にテレビ出演されていたのを見た記憶があって、非常に貴重な体験をさせてもらいました。当時はまだ九州にいましたので、京都で拝見するとか、そういうことはできなかったんですけれども、今となっては、映像だけでも拝見したという体験は貴重なことだったなと思っております。それで世界の古典的な思想とか哲学を相対的にみてみると、たとえば釈迦の仏典は、「如是我聞」、我はかくのように聞いた、ということではじまりますね。『論語』では「子曰く」とか、非常に似たような、つまりそれはあとから弟子たちにまとめられた、イスラームのクルアーンとちがって。そういうことを併せて考えると、最近ご教示いただいています、イスラームの黒田壽郎先生が皆さんにおっしゃっているなかに、イスラーム教を理解するのに何が一番いいかというと、『論語』を読むことですといわれるんです。これとは別にインドの思想に「天則《リタ》」というのがありますけれども、天と自分というか、その関係性に近いのかなと思っているんです。『論語』そのものが、そういう、どこかにつながるようなものがあるんだなと。そういうこともふくめながら、私もこの機会に今後ももう少し『論語』についても、一海先生のご教示をお願い致したいと思います。よろしくお願い致します。

N（日本精神文化史研究者）　いろいろ教えていただいて、どうもありがとうございました。私は『論語』を、じつは大学時代に手にしました。ところが何回か開いたおぼえはあるんですが、進まないんです、どう読んでもおもしろくなくて（笑）。それで神奈川県津久井郡の無住寺に住みはじめたころから、マラルメの研究だとか、いろんなことをはじめていたら、小林太市郎氏の『禅月大師』を読んで出会ったのが、禅月大師なんです。禅月大師は、もう亡くなられた画家の小野忠弘さんからも、あれはいい画だと。日本にいくつかの水墨画の羅漢像があるんです。彼は漢詩の詩集も作っているんです。それでマラルメをやっていくと同時に、一方では禅月大師の漢詩にのめりこんでしまいまして、むずかしい漢詩でしたけれども、もちろん杜甫だとか李白だとか、有名な人たちの詩は持っていたんですが。禅月大師の詩というのは変わったところがあって、マラルメ風の非常に難解な内容なんですが、それをかなりやっているうちに、自分でも漢詩を作るようになったんです。全然でたらめなんですけれども……。その頃はまだ『論語』というのは全然手をだしていなかった。だからもう一生読む機会もないんじゃないかと思っていたんです。そうしましたら、今回、一海先生のお話があると聞いたものですから、この機会にいっぺん、なんとしても一部でも耳に入れておいた方がいいだろうと思ったわけです。一海先生のお話を聞いていて、一番ぼくがおもしろいと思ったのは、文字というものを、たとえば『説文解字』とか、ああいうものはあんまり信用できないとか、あっさり言われるので……。ぼくはいま空海をやろうとしているんだけれども、空海の問題をやっていくときに、異体字とか、あの時代まだ生きていた字がいっぱい使われているわけです。その字をなぜ使ったか、空海はかなり字の意味とか、字体まで追求する人で、彼は『説文解字』を確実に読んでいるんです。そのうえで彼は漢詩を作ったりするんだけれども、『説文解字』なんてあんまり信用できないというような言い方をされると、ああ、そうかと。しかも『論語』の中身というのは無味乾燥に思えていたものが、意外にわれわれに身近なところから出発して考えていく、つまり愛であるとか、自分自身の修養の問題だとか、それから人と人との関係の問題だとか、連帯だとか、そういう形でとらえることができるなら、これは読めそうだなと思ったけれども、全部通して読むことはこれからもあるかどうかわかりませんが、一海先生が出される本は読ませていただきたいと思っております。どうもありがとうございました。

――〈編集者〉　六回うかがってまいりまして、まさに『論語』の言葉に対して、それこそ「仁」と「知」を兼ね備えて究明されたお話でございました。大変有益かつおもしろく拝聴いたしました。お話は非常に多岐にわたって、とくに『論語』の中のことばが『論語』成立以前、あるいは以後の典籍や詩の中でどのように使われているかを検討してくださったことには刺激を受けました。そして連続のお話で日本での儒教の受容の問題を考えるきっかけも与えてくださったと思いますし、さらに細かくいえば、政治家のみならず、『論語』からよく言葉を引きますけれども、どれを引いているのか、あるいはどういう意味で引いているのかということを調べると、その人物もよくわかるというところもわかりまして、いろいろ参考になりました。ありがとうございました。これからまた楽しみにしております。

店主　最後に私から一言。一海先生との出会いは「河上肇」についての企画からはじまったんです。中国文学者としてのお付き合いではなく、河上肇という存在を通して、この二十五年、先生とおつきあいさせていただいてきました。『論語』は学生の頃から気になりながらなかなか手がつかなかったんですが、この歳になってようやく『論語』を読む入口を一海先生につけてもらえないかなということを、お茶を飲みながらふっと言葉にだしたんです。そうしたら「講義のようなものやったら」、と先生から承諾の言葉をいただいて、このような会が生まれました。一海先生の本はいろいろ出版させていただきましたが、『論語』について先生とお仕事ができたというのは私にとって大きな喜びです。それからもう一つ。先生の著作集を、今計画中です。陶淵明から陸游、河上肇、それから漢詩、漢字・漢語というようなテーマで、全十一巻ぐらいを予定しています。早ければ来年の秋からの刊行を予定しています。後世に残るいい仕事にしたいと思っています。そのためには先生にお元気でいていただかないといかんのですが……。長期間でございましたけれども、先生、どうもありがとうございました。先生の方から最後に何か一言いただけたらと思います。

今日は最後だから、終わったとたんに席を立って、酒飲んで、解放感を味おうて帰ろうと思っていたんですけれども、お一人お一人から非常にていねいなご感想をいただいて、ぼくも何か一言いわんといかんなと、さっきから考えていたんです。

三つのことで、ぼくは逆に皆さんに感謝をしたいんですけれども、『論語』は、ぼくは門外漢、門外のことなんです。ほとんど素人に近い、そういう人間の話を、二か月にいっぺん、一年半、まず最初に感謝したいのは、一人も欠席されなかったということです。これはぼくは大変なことやと思うんです。しょうもない話を一人も休まずに聴いていただいたのは大変ありがたい。それが感謝すべき第一です。

それから二番目には、別なことになりますけれども、このあいだ、ぼくが『漢詩道場』という題の本を岩波書店から出して、たくさんの方に新聞などでいろんな書評をいただいたんですけれども、その中の一人の方が、この本の編者の一海知義は吉川幸次郎門下の高足である、と。こういう時でも黒板に字を書く（笑）。それを読んで、ぼくは、短足やけどと思ったんです（笑）。「高足」という言葉の出典がどこにあるのかとか、すぐそういうことを調べる。それはいいんですけれども、背が低いのに、今回は大変な背伸びをして引き受けた。ぼくは素人ですから、『論語』の話をしてくれということを藤原さんから言われたとき、そんなアホなと思ったんです。ただ『論語』という本については、二十代ぐらいまでは、なんていう嫌な本やろうと、中身の道徳的な……。ところが三十半ばごろから、だんだんこれはおもしろい本やなと思いだして、そういう気持ちがあったものですから、短足にもかかわらずいっぺん背伸びしてみようかということで、こんなに六回も長々と話をさせていただいて、それもぼく好みの「論語語論」という、ごろんと寝ころんで聴いていただけるような、そういう形で話を自由にさせていただいて、背伸びしたことは大変よかった。もしこういうことがなければ、ぼくは詳しく『論語』をもういっぺん読み返すということはなかったと思うんです、パラパラと見ることはしばしばあったでしょうけれども。そのことが大変ありがたいことの第二です。

三番目に、藤原書店のPR誌の『機』にも書いたんですけれども、「七十猶栽樹（七十なお樹を栽《う》う）」、木を栽えると読むんですけれどもそういう詩句がある。、中国人は「人生百年」と昔からいってますけれども、日本人は「人生五十年」。実際問題としてやっぱり五十ぐらいが現世の限界で、それで杜甫が「人生七十古来稀なり」というたのは、七十は実際に古来稀れだったんです、ずっと。にもかかわらず、中国にも八十、九十まで生きて元気だった詩人たちがいる。たとえば、ぼくがやっている陸游という人は八十五歳まで、しかも死ぬ前の年、まだ山登りしてるというような、そういう元気な人がいた、また清朝になって袁枚《えんばい》という、この人は詩人としても有名ですけれども、グルメの人として大変有名な人で、随園《ずいえん》という号ですけれども、『随園食単』という、これはグルメの本です。料理の作り方とか、男のくせにそういうものを書いて、何がうまいとか、そういうことを書いた人としても有名だし、それから女の弟子がたくさんいたんです。そういうことはあんまり日本に紹介されてないけれども、女の弟子、漢詩、漢文を作る弟子ですよ、学問上の。そういう弟子をかかえて、しかもその人たちが作った漢詩を「漢詩集」、『随園女弟子詩集』というのをちゃんと編集して世間に売り出しているわけです。ぼくも女の弟子がいっぱいおるんですけれども(笑)、その袁枚が、人間年寄りになったら色気がなくなると世間ではいうけれども、絶対そんなことはない、と。その証拠に夕日、沈みかけて、いまにもなくなりそうな夕日が、若々しい桃の花を照らしだしている。年取ってもやっぱり桃の花を照らしだすという、そういうことは人間にもあると歌っている、おもしろい詩があるんです。それとはべつに「七十猶栽樹」という詩も作っているんです。七十になってもまだ樹を植える。木を植えるということは、木の苗を植えるということです。それが育って、葉をつけ、花が咲き、実がなるという、そこまであつかましくも、生きてるつもりなんです、「七十猶栽樹」というのは。

それで私、このあいだ来年の年賀状の文句を考えまして、袁枚の詩句を借りて「七十又六猶栽樹」。ぼくは来年、七十六になるんです。それでもまだ樹を植える、と。そうすると「桃栗三年柿八年」といいますから、三年足したら七十九、八年足したら八十四、そこまで生きてるというあつかましい宣言なんです。それができるような元気を皆さんに与えていただいたことを感謝いたします。ありがとうございました（笑）。（拍手）

著者紹介

一海知義（いっかい・ともよし）

1929年、奈良市生まれ。旧制高校理科コースへ進んだが、文学への思いが募り、京都大学文学部中国文学科に進学し、高橋和巳らとともに吉川幸次郎に師事。53年卒業後は、神戸大学教授、神戸学院大学教授を歴任。現在、神戸大学名誉教授。専攻は中国文学。

著書は幅広く、中国古典詩を扱った『陸游』『陶淵明——虚構の詩人』（岩波書店）『史記』（筑摩書房）や、広く大人にも読まれている『漢詩入門』『漢語の知識』（岩波ジュニア新書）の他、河上肇の漢詩に初めて光を当てた『河上肇詩注』や『河上肇そして中国』（岩波書店）『河上肇と中国の詩人たち』（筑摩書房）など一連の河上肇論でも名高い。軽妙な筆致に中国古典の深遠な素養を滲ませる随筆『読書人漫語』（新評論）『典故の思想』『漱石と河上肇』『詩魔』『閑人侃語』（藤原書店）もファンが多い。近年、陸游の漢詩を毎月一回読む「読游会」の成果が『一海知義の漢詩道場』（岩波書店）に結実した。

論語語論《ろんごごろん》

2005年12月30日　初版第1刷発行©

著　者　一　海　知　義
発行者　藤　原　良　雄
発行所　株式会社　藤　原　書　店

〒162-0041　東京都新宿区早稲田鶴巻町523
電　話　03（5272）0301
FAX　03（5272）0450
振　替　00160-4-17013

印刷・製本　図書印刷

落丁本・乱丁本はお取替えいたします
定価はカバーに表示してあります

Printed in Japan
ISBN4-89434-487-4

*白抜き数字は既刊

❶ 初期作品集 解説・金時鐘
664頁 6500円 ◇4-89434-394-0（第2回配本／2004年7月刊）

❷ 苦海浄土 第1部 苦海浄土 第2部 神々の村 解説・池澤夏樹
624頁 6500円 ◇4-89434-383-5（第1回配本／2004年4月刊）

❸ 苦海浄土 第3部 天の魚 関連エッセイ・対談・インタビュー
「苦海浄土」三部作の完結！ 解説・加藤登紀子
608頁 6500円 ◇4-89434-384-3（第1回配本／2004年4月刊）

❹ 椿の海の記 ほか エッセイ 1969-1970 解説・金石範
592頁 6500円 ◇4-89434-424-6（第4回配本／2004年11月刊）

❺ 西南役伝説 ほか エッセイ 1971-1972 解説・佐野眞一
544頁 6500円 ◇4-89434-405-X（第3回配本／2004年9月刊）

6 **常世の樹** ほか エッセイ 1973-1974 解説・今福龍太

❼ あやとりの記 ほか エッセイ 1975 解説・鶴見俊輔
576頁 8500円 ◇4-89434-440-8（第6回配本／2005年3月刊）

❽ おえん遊行 ほか エッセイ 1976-1978 解説・赤坂憲雄
528頁 8500円 ◇4-89434-432-7（第5回配本／2005年1月刊）

9 **十六夜橋** ほか エッセイ 1979-1980 解説・未　定

10 **食べごしらえおままごと** ほか エッセイ 1981-1987 解説・永六輔

11 **水はみどろの宮** ほか エッセイ 1988-1993 解説・伊藤比呂美

12 **天　湖** ほか エッセイ 1994 解説・町田康
（第7回配本／2005年5月刊予定）

13 **アニマの鳥** ほか 解説・河瀬直美

14 **短篇小説・批評** エッセイ 1995 解説・未　定

15 **全詩歌句集** エッセイ 1996-1998 解説・水原紫苑

16 **新作能と古謡** エッセイ 1999- 解説・多田富雄

17 **詩人・高群逸枝** 解説・未　定

別巻 **自　伝** 〔附〕著作リスト、著者年譜

“鎮魂”の文学の誕生

「石牟礼道子全集・不知火」プレ企画

不知火《しらぬひ》

〔石牟礼道子のコスモロジー〕

石牟礼道子・渡辺京二
大岡信・イリイチほか

インタビュー、新作能、童話、エッセイの他、石牟礼文学のエッセンスと、気鋭の作家らによる石牟礼論を集成し、近代日本文学史上、初めて民衆の日常的・神話的世界の美しさを描いた詩人の全体像に迫る。

菊大並製　二六四頁　二二〇〇円
（二〇〇四年二月刊）
4-89434-358-4